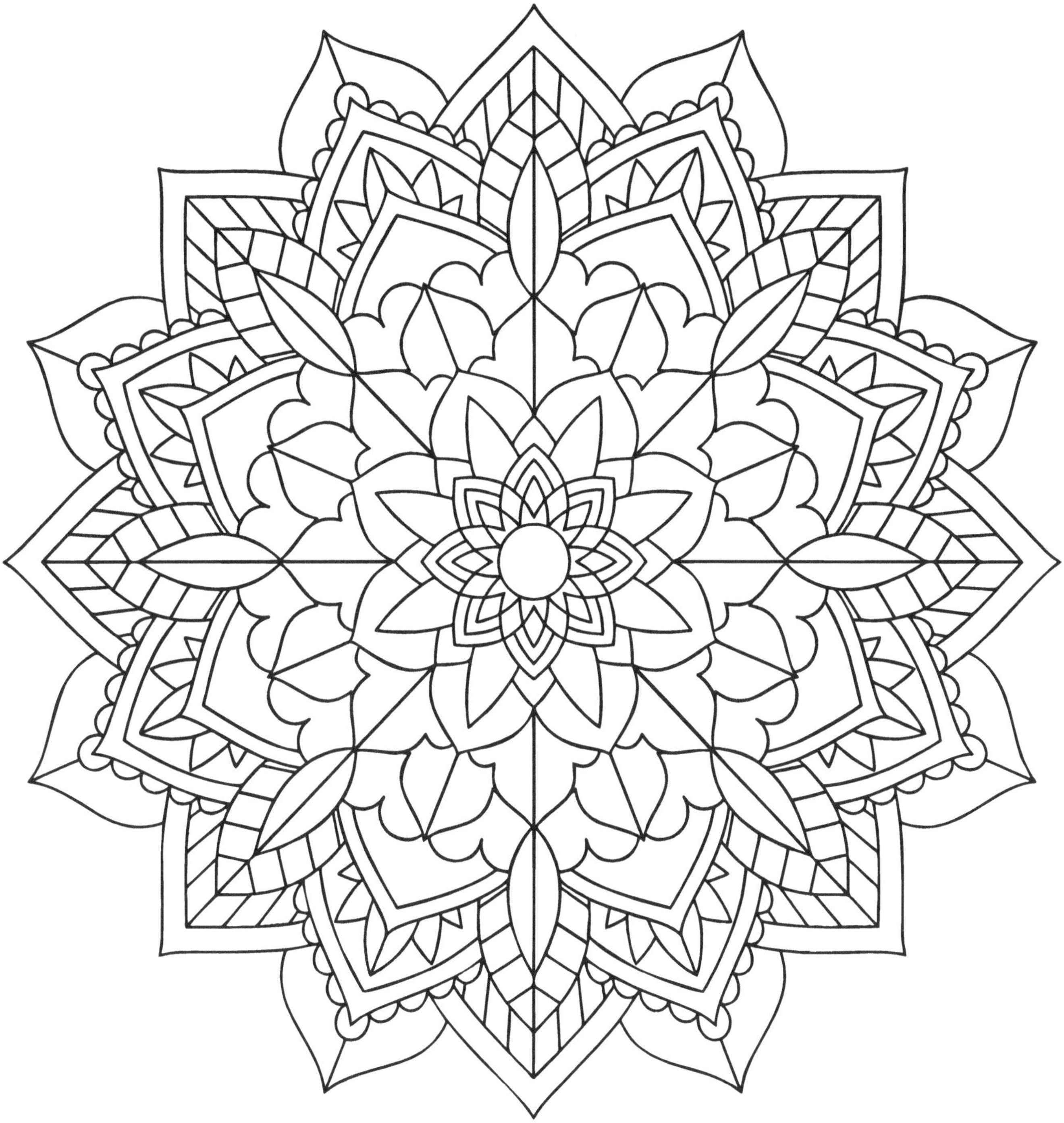

1

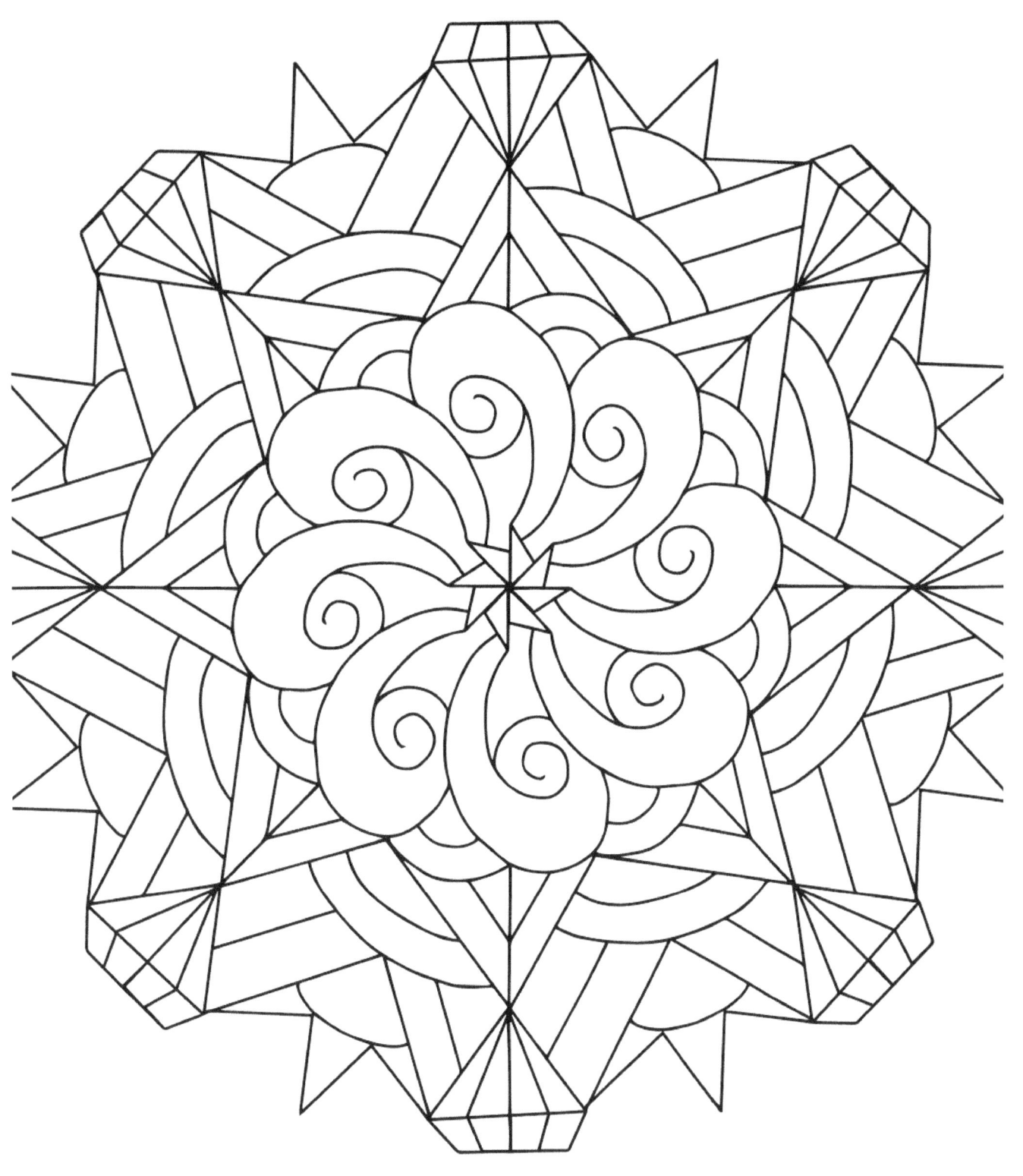

3

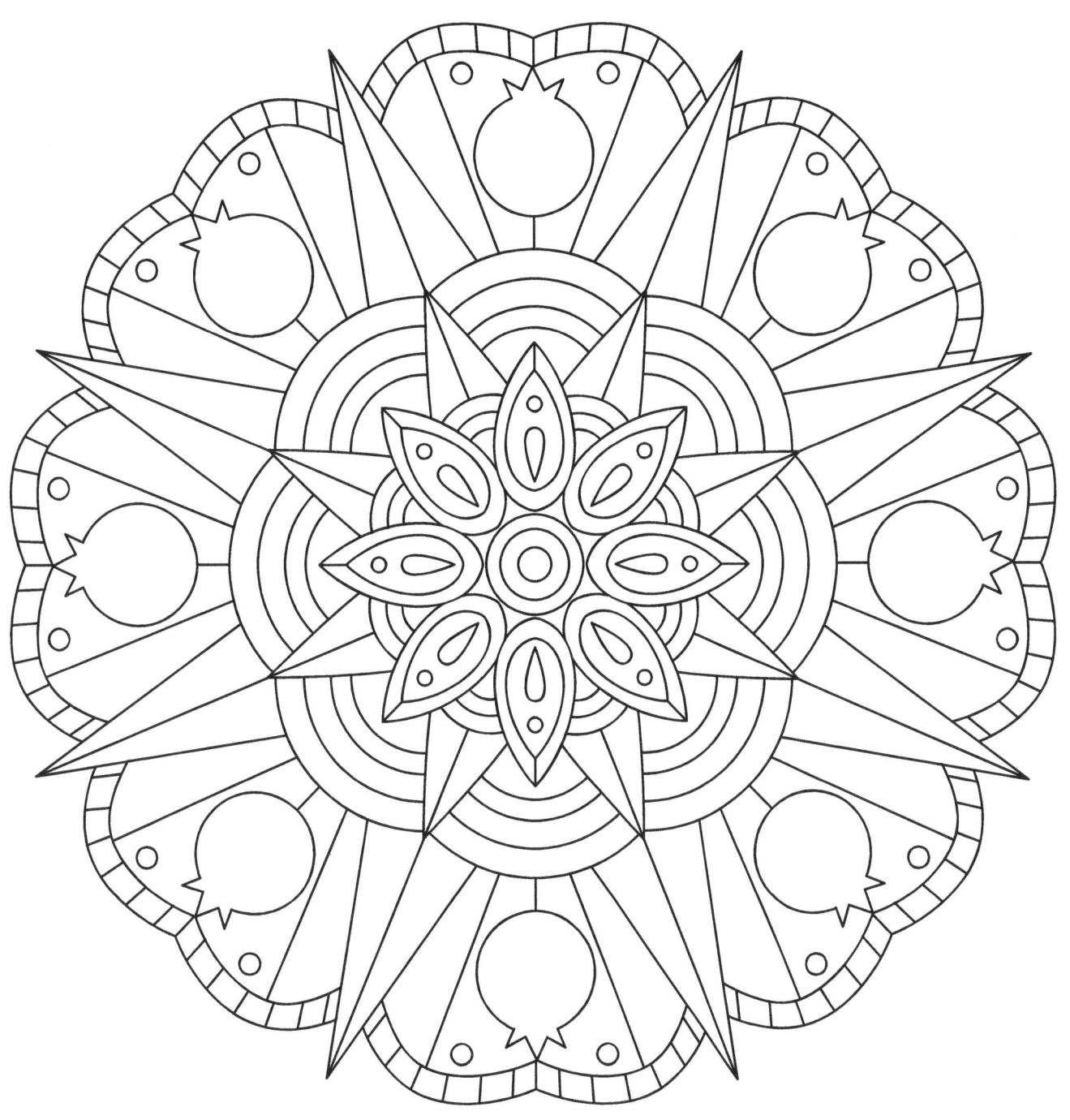

5

7

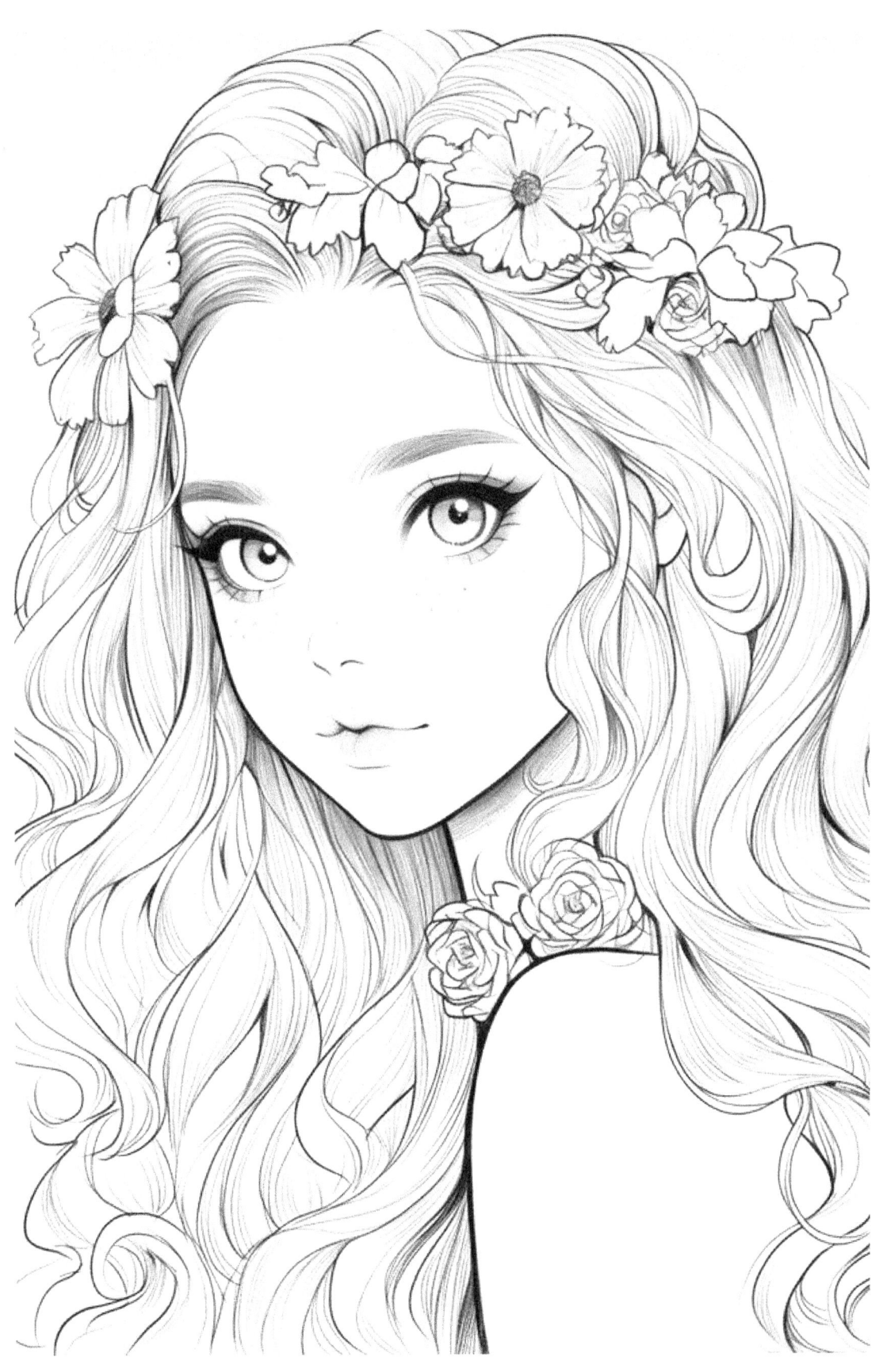

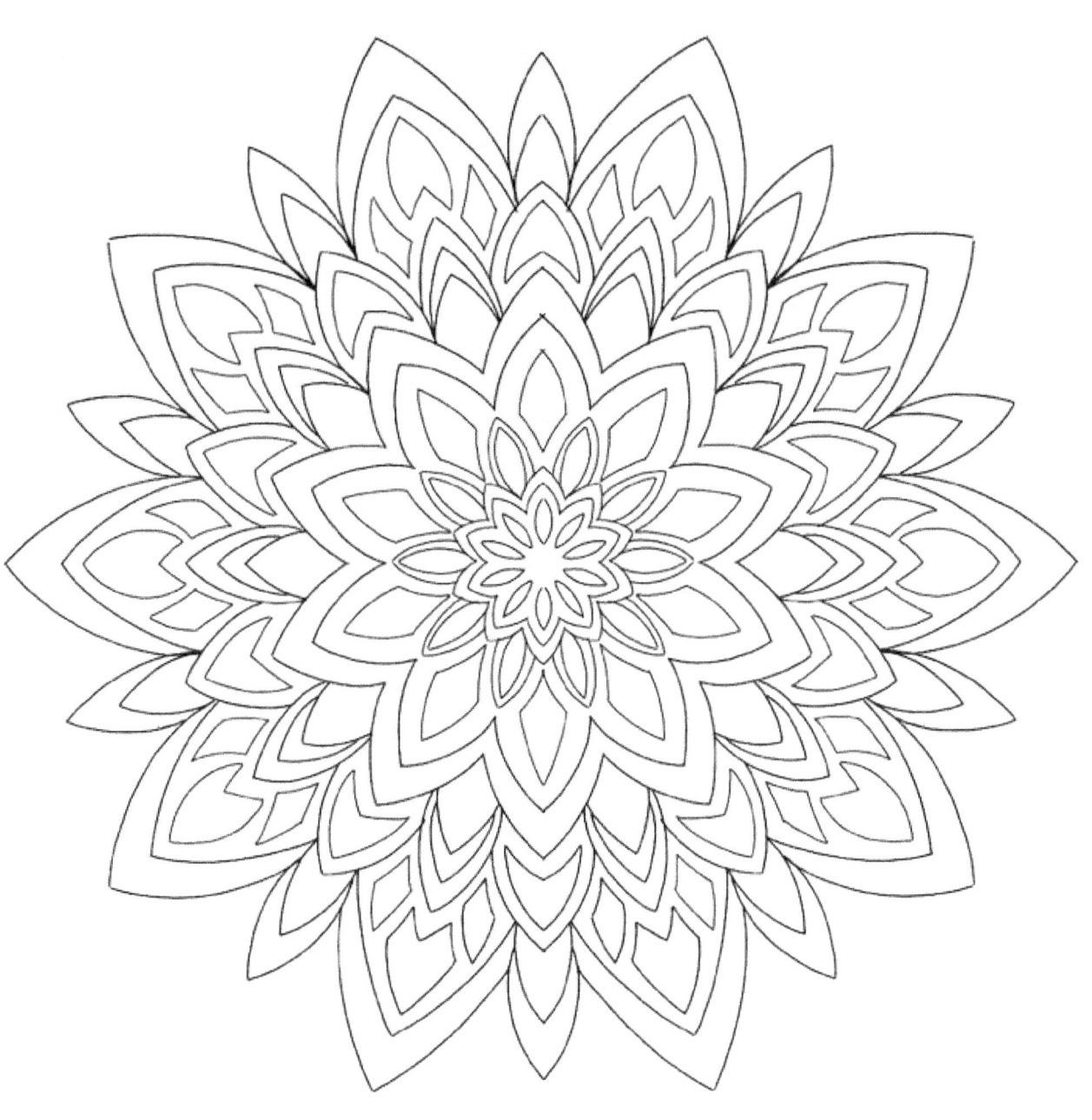

11

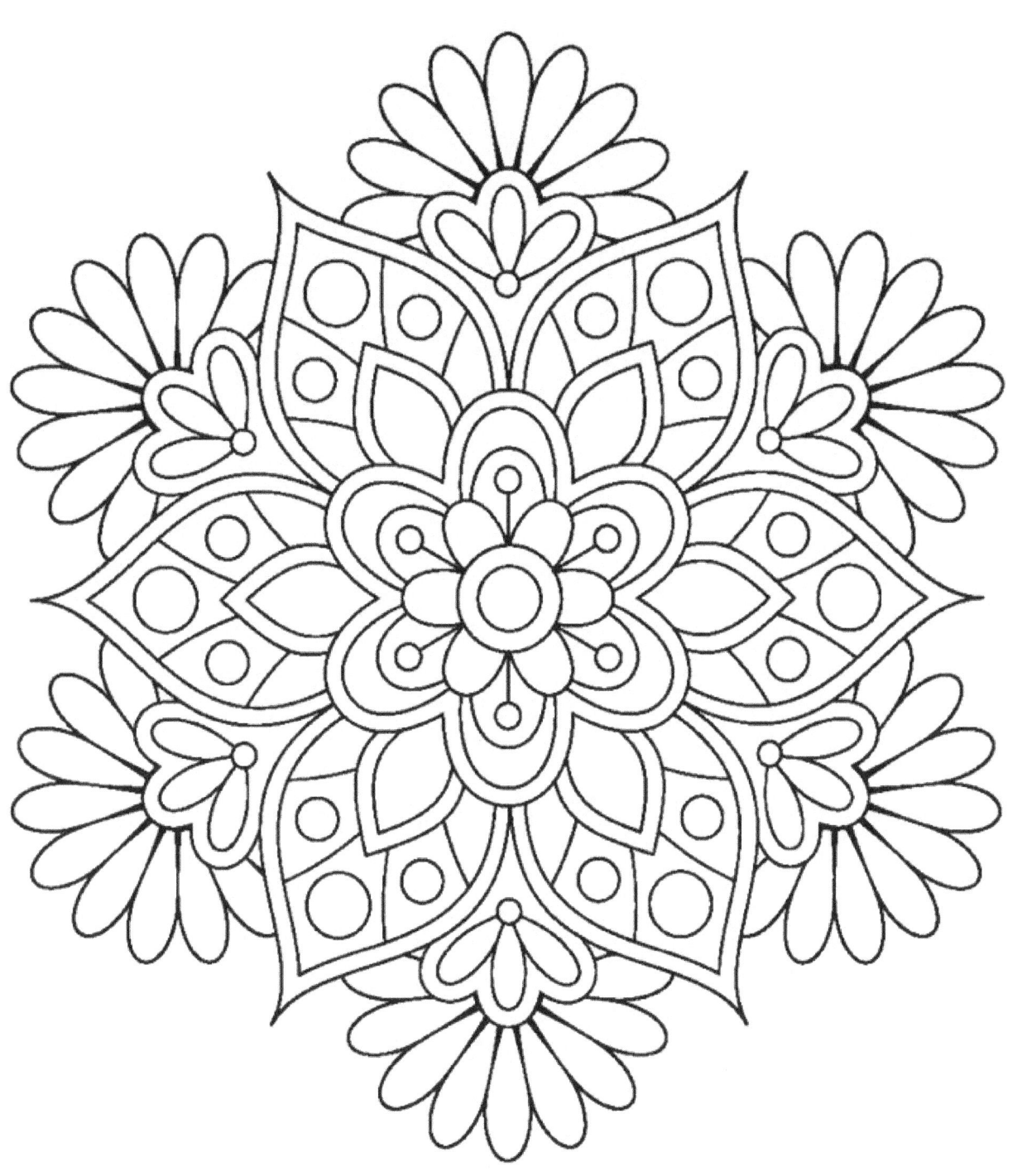

13

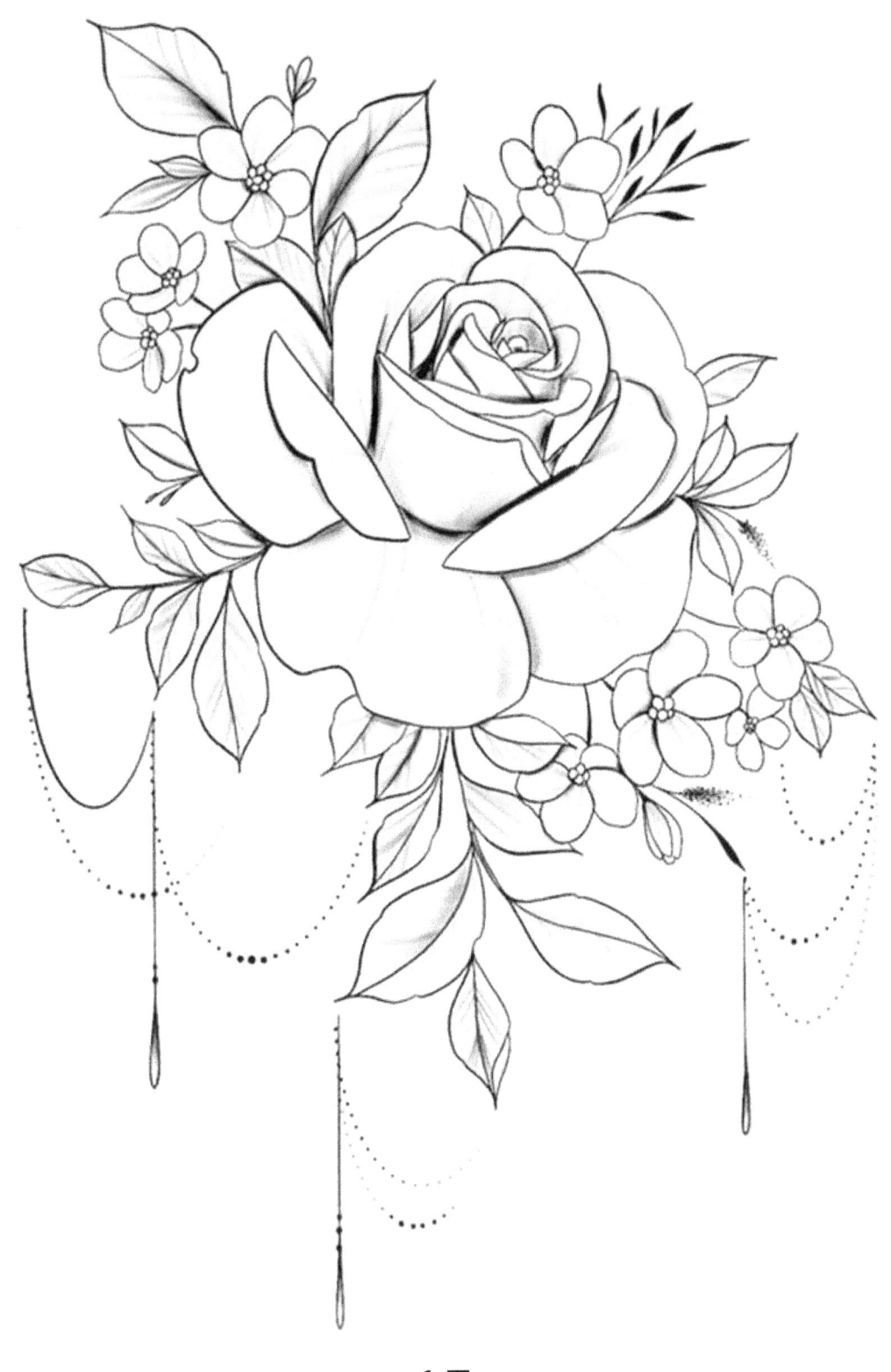

15

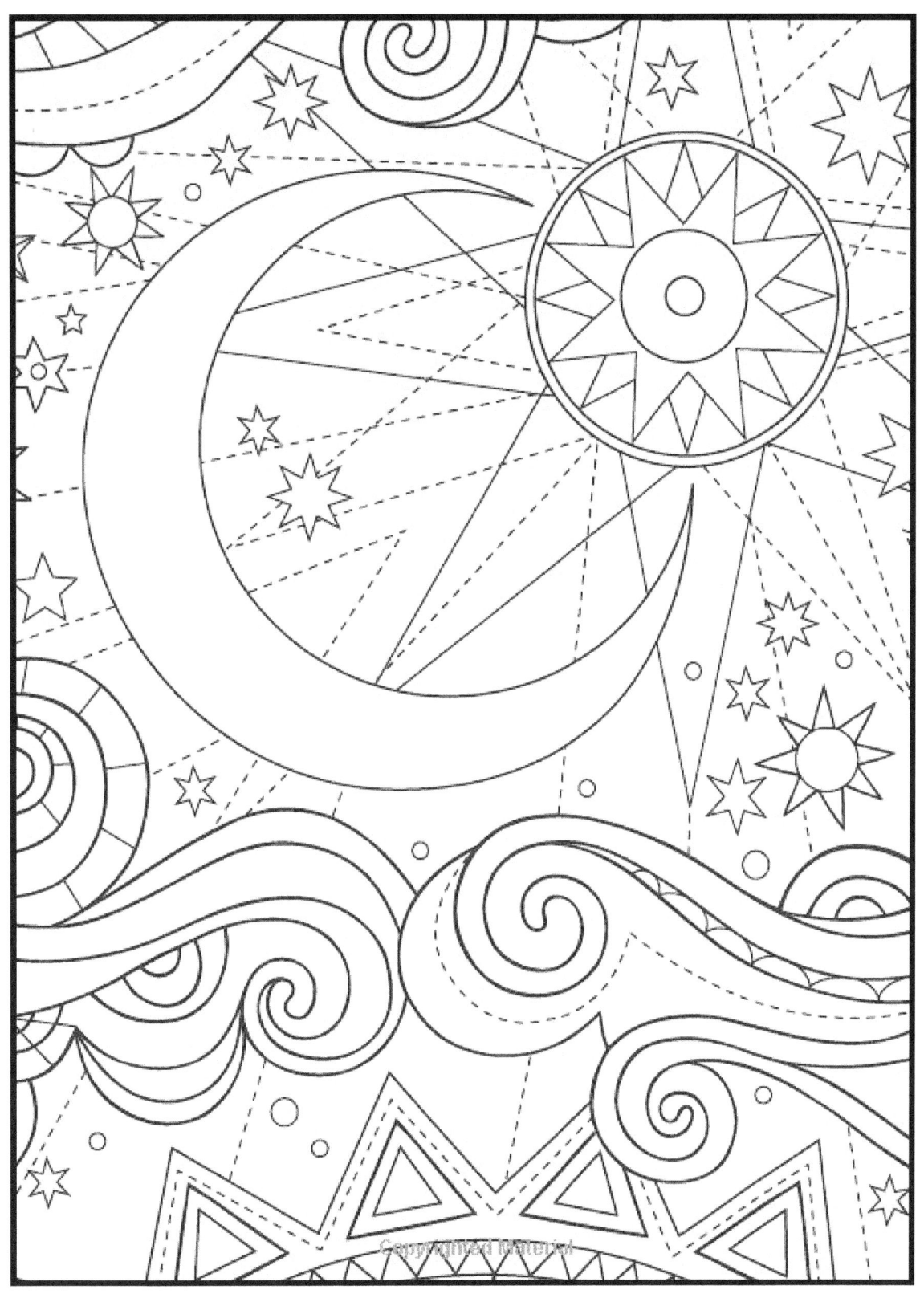

17

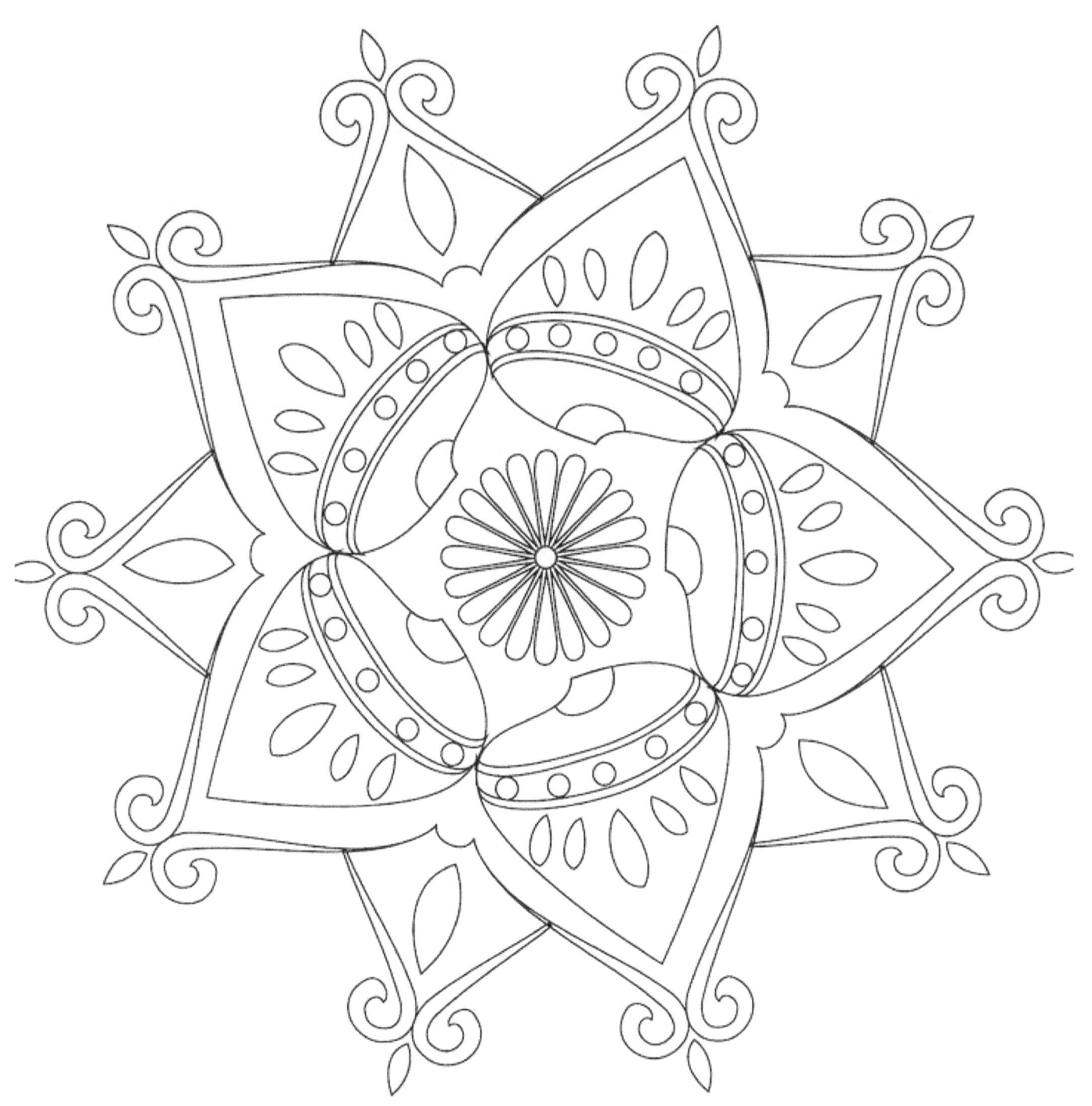

19

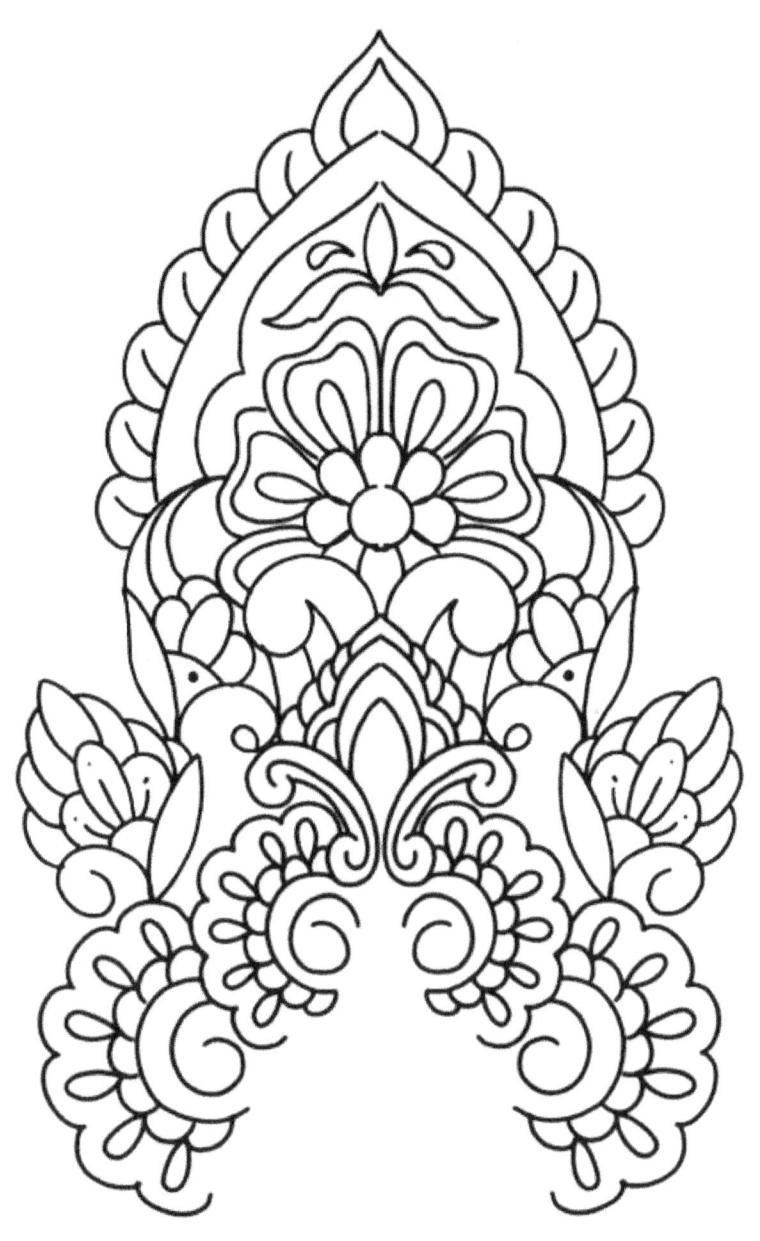

21

23

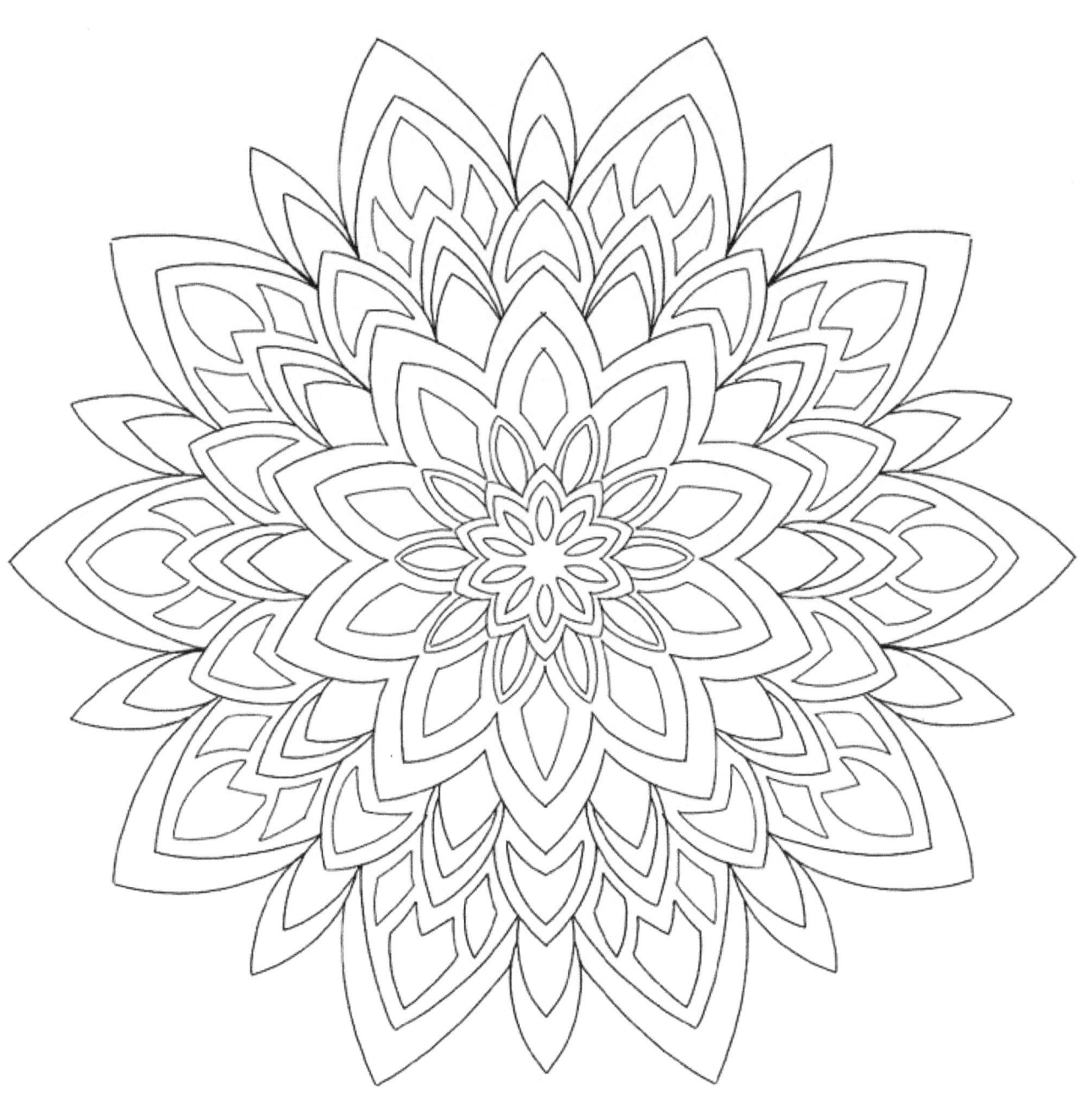

25

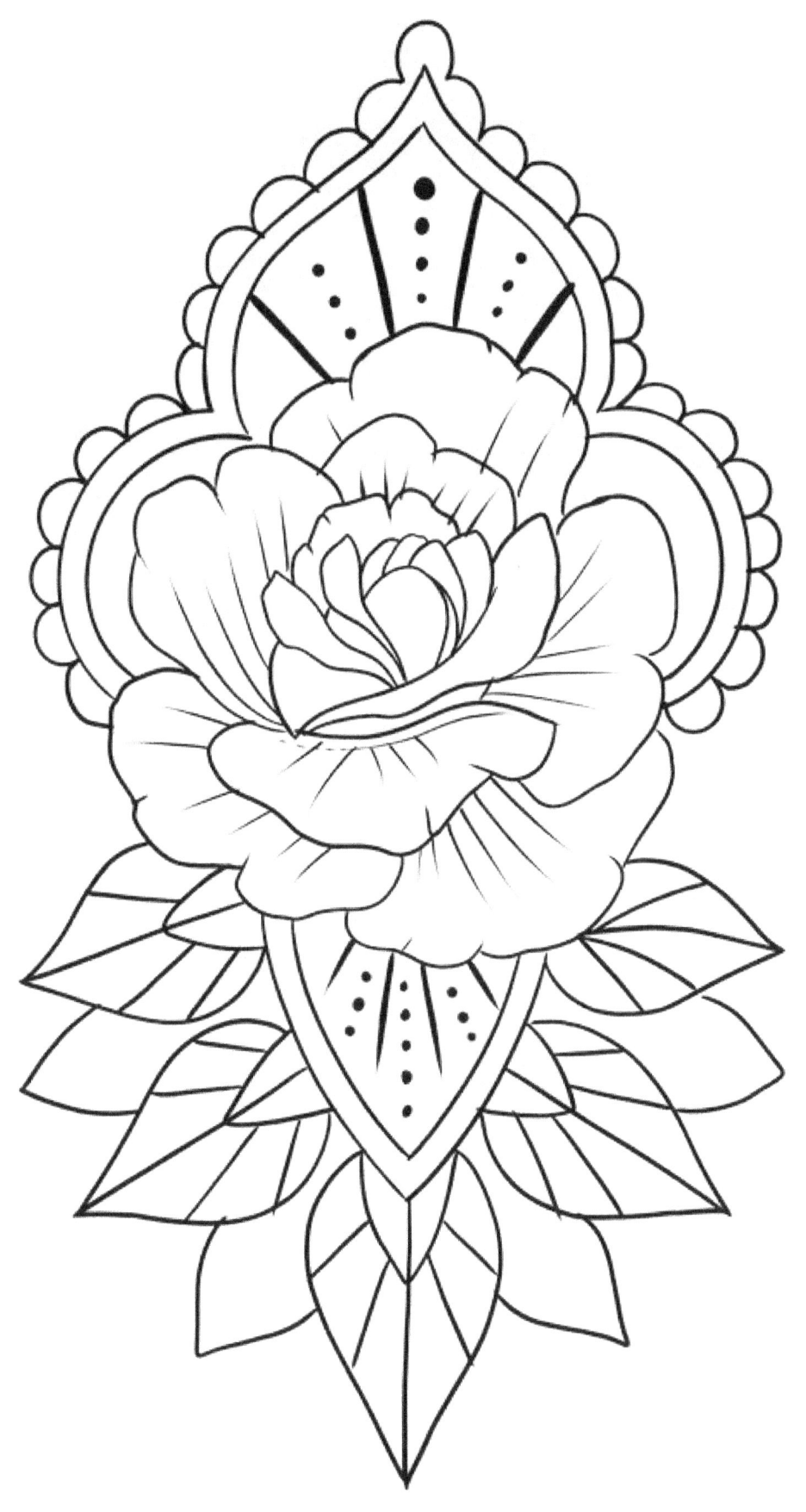

27

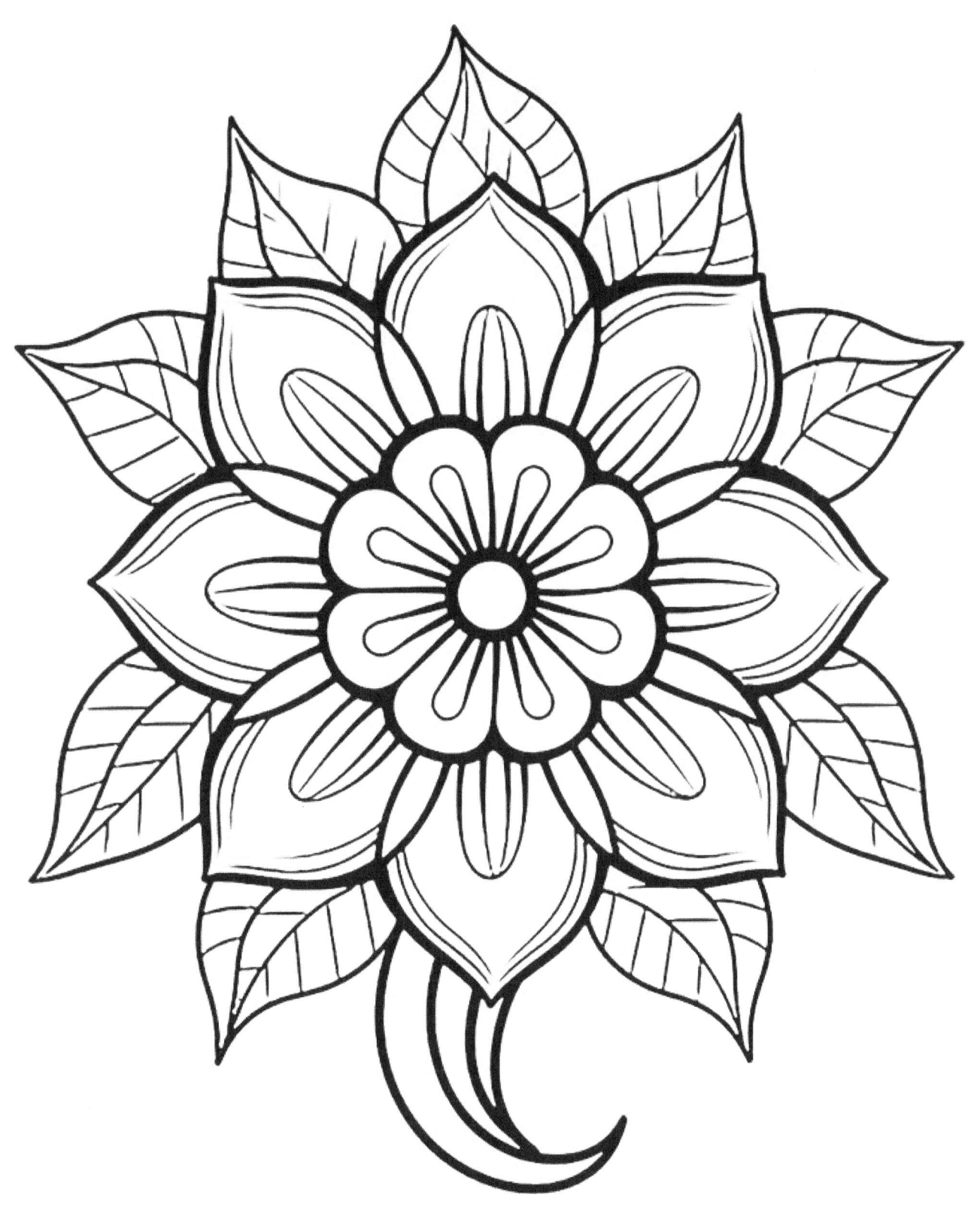

29

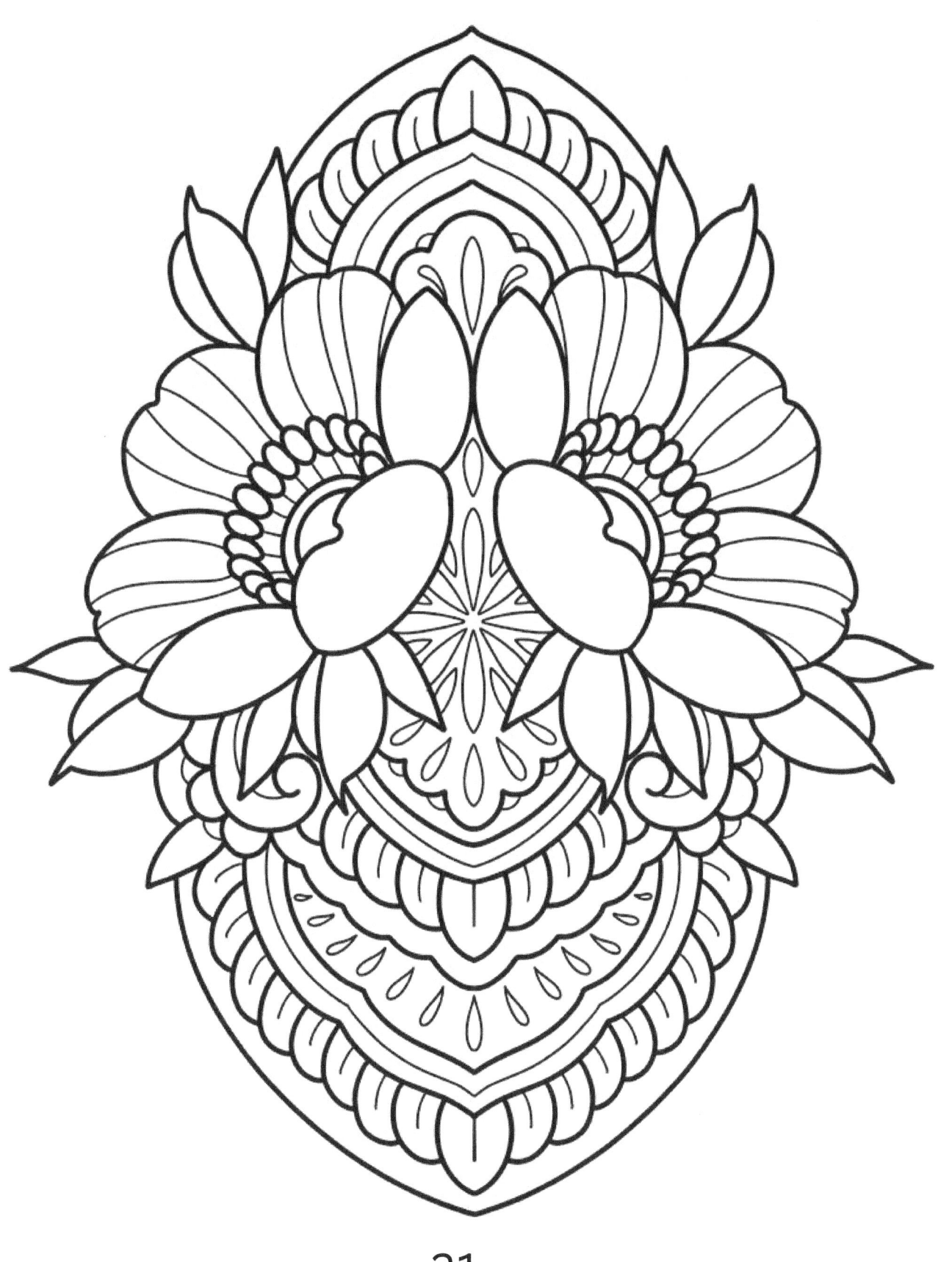

31

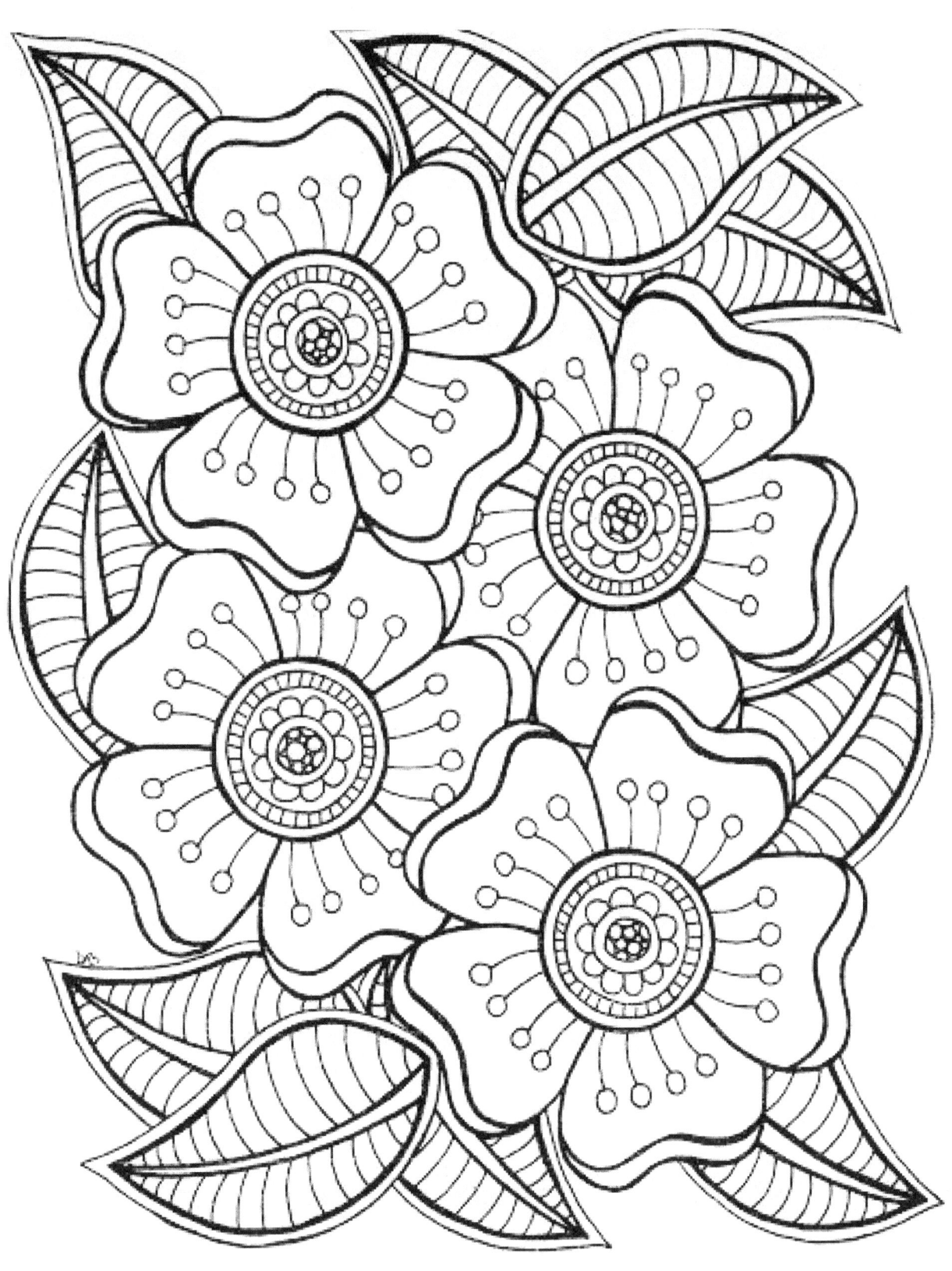

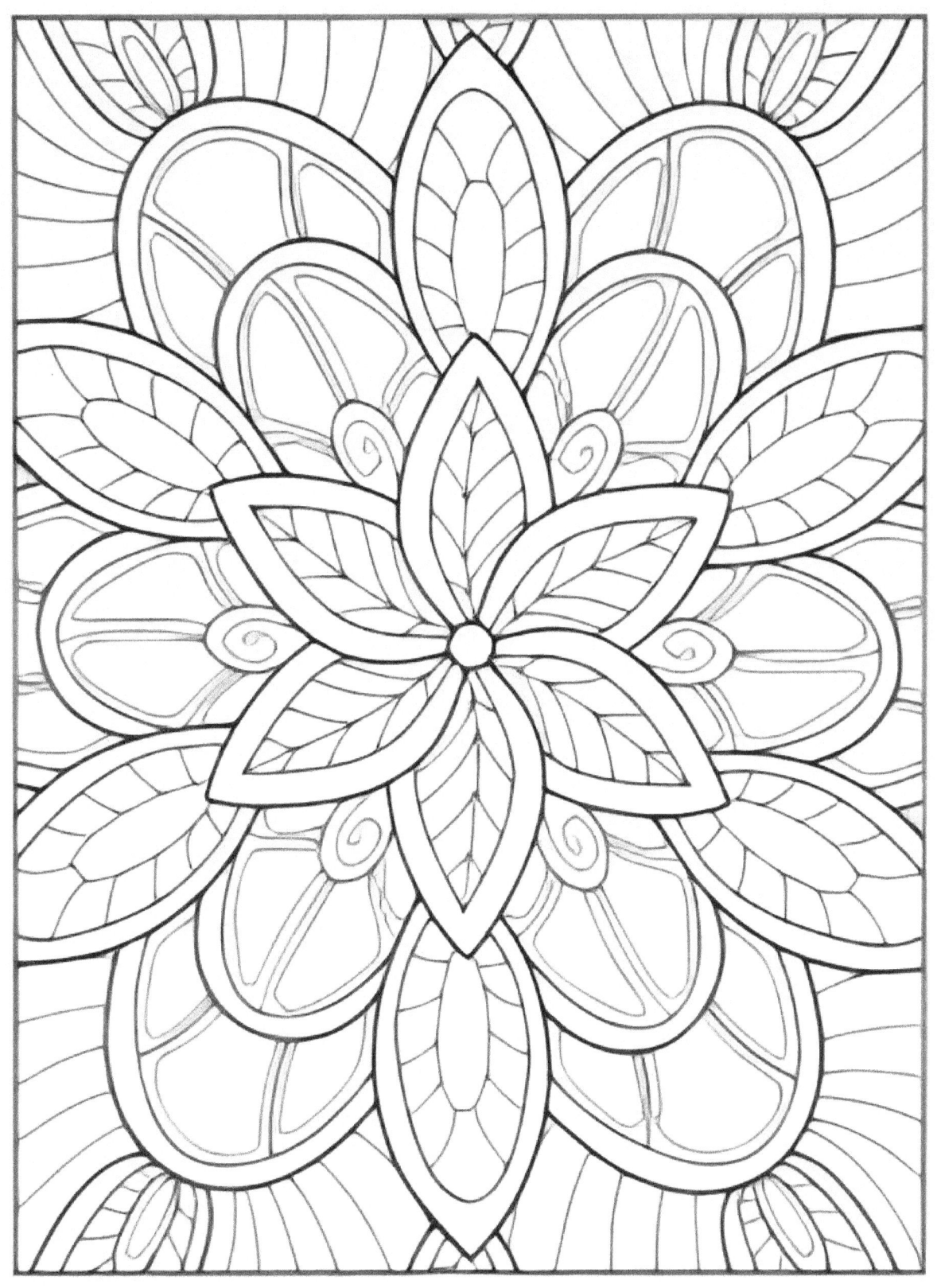

35

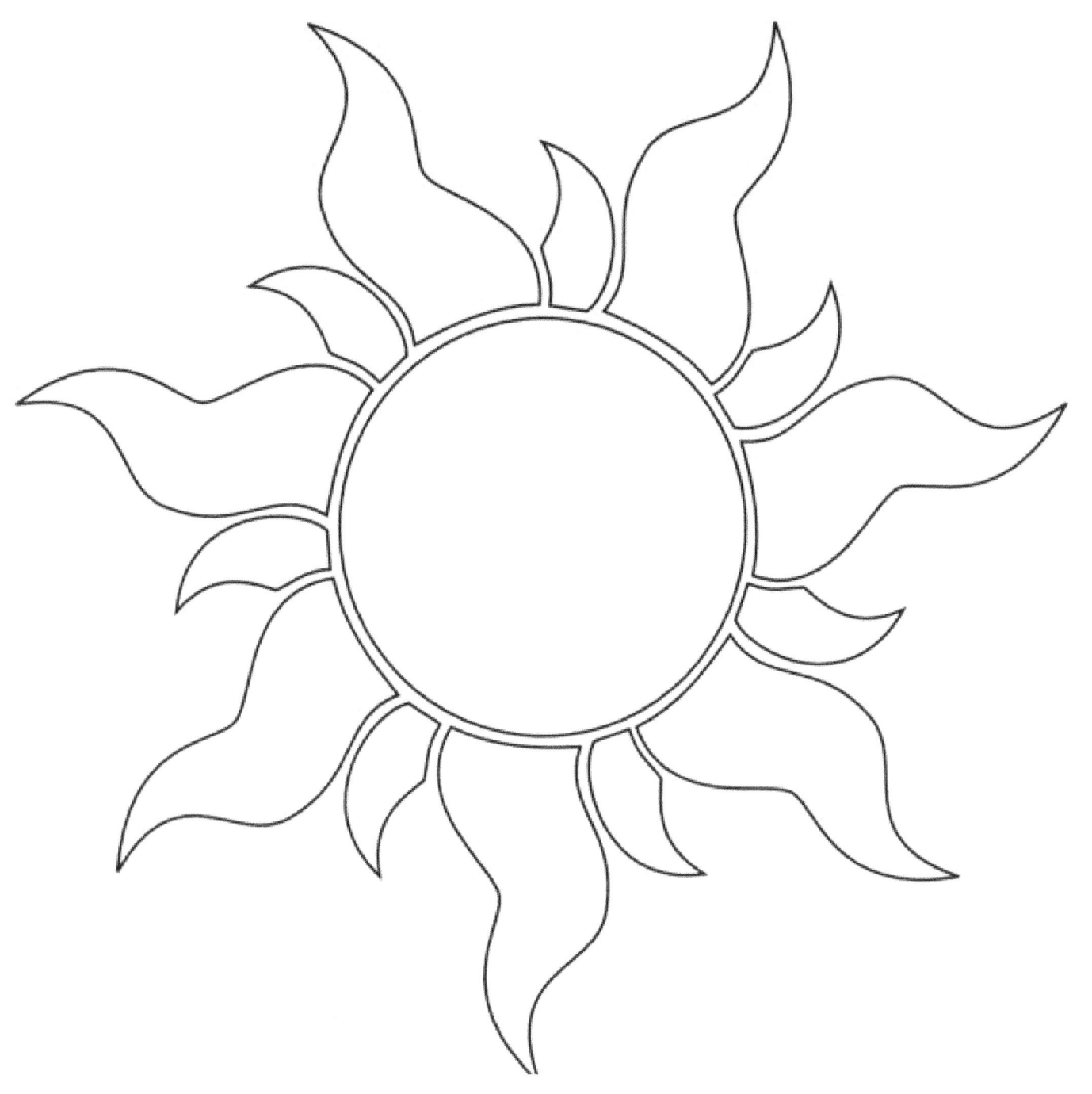

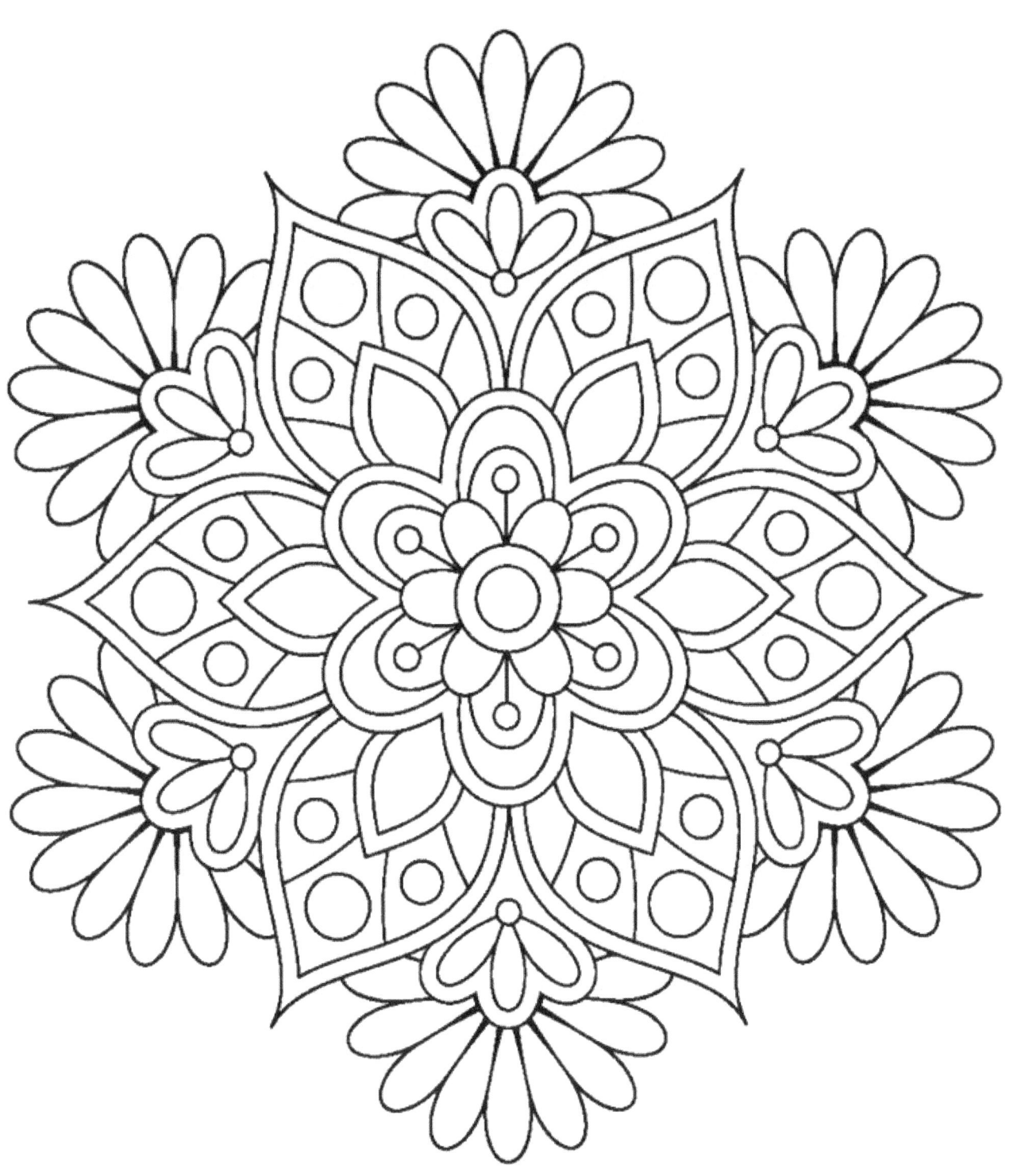

39

41

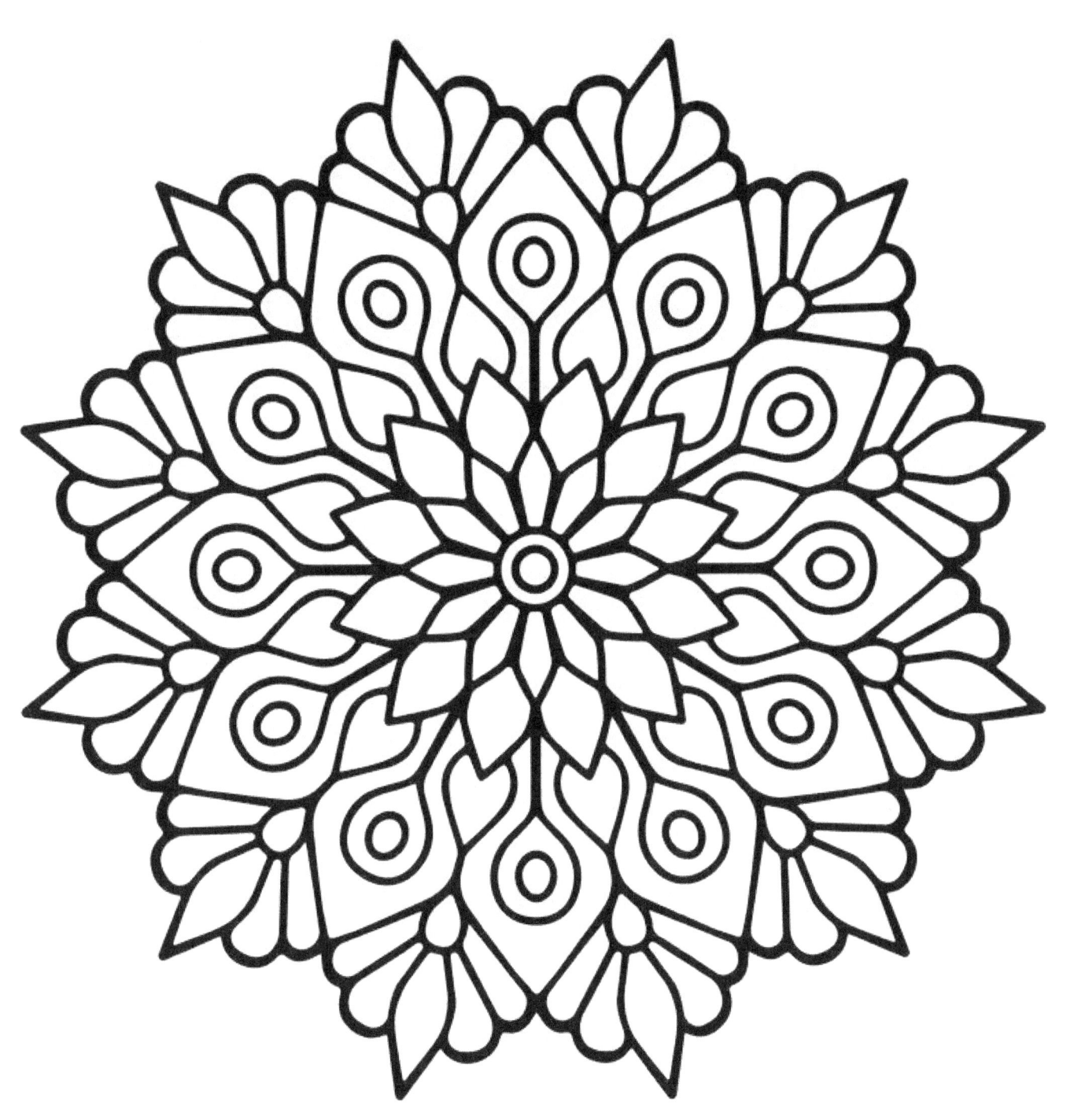

43

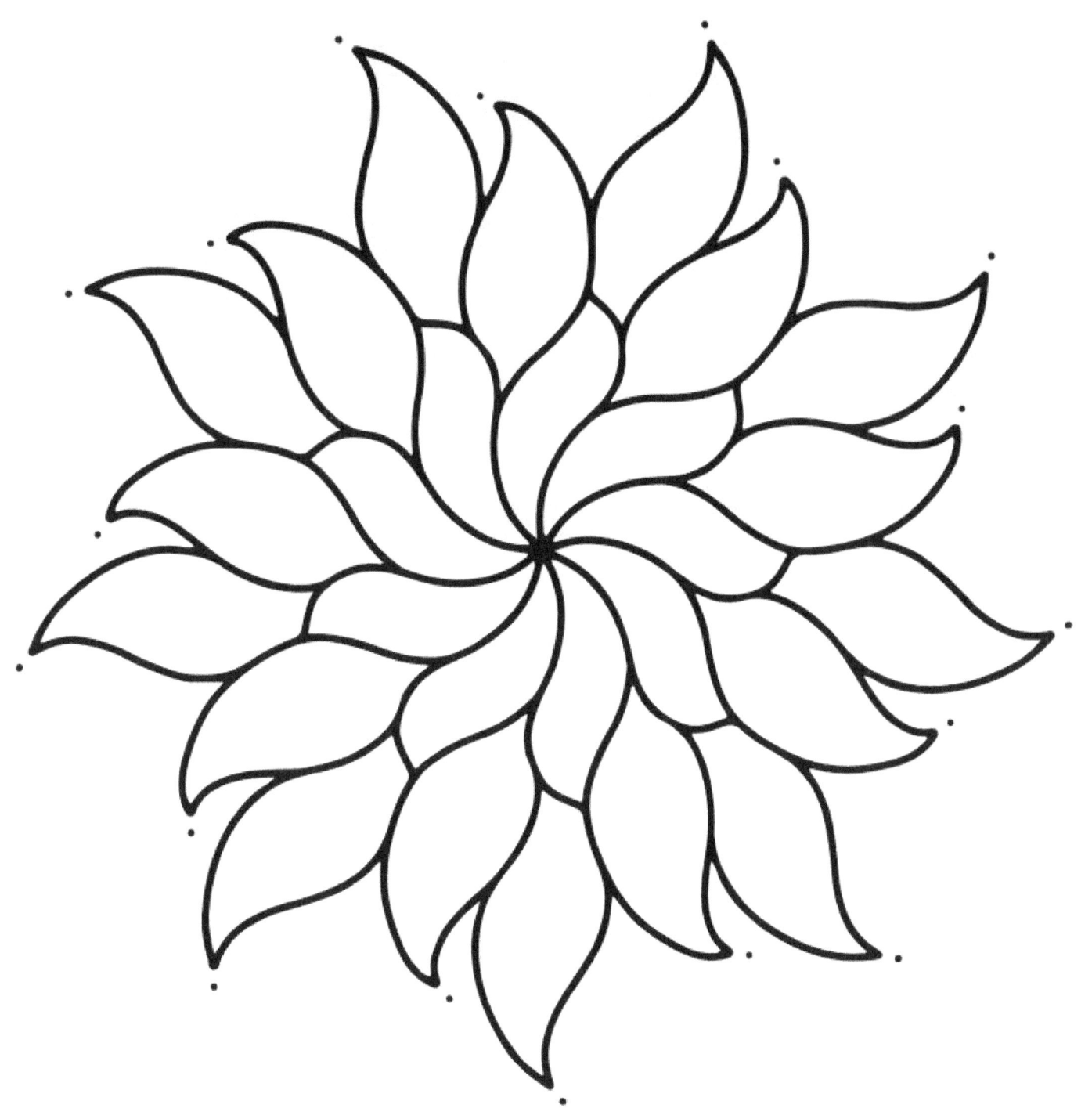

45

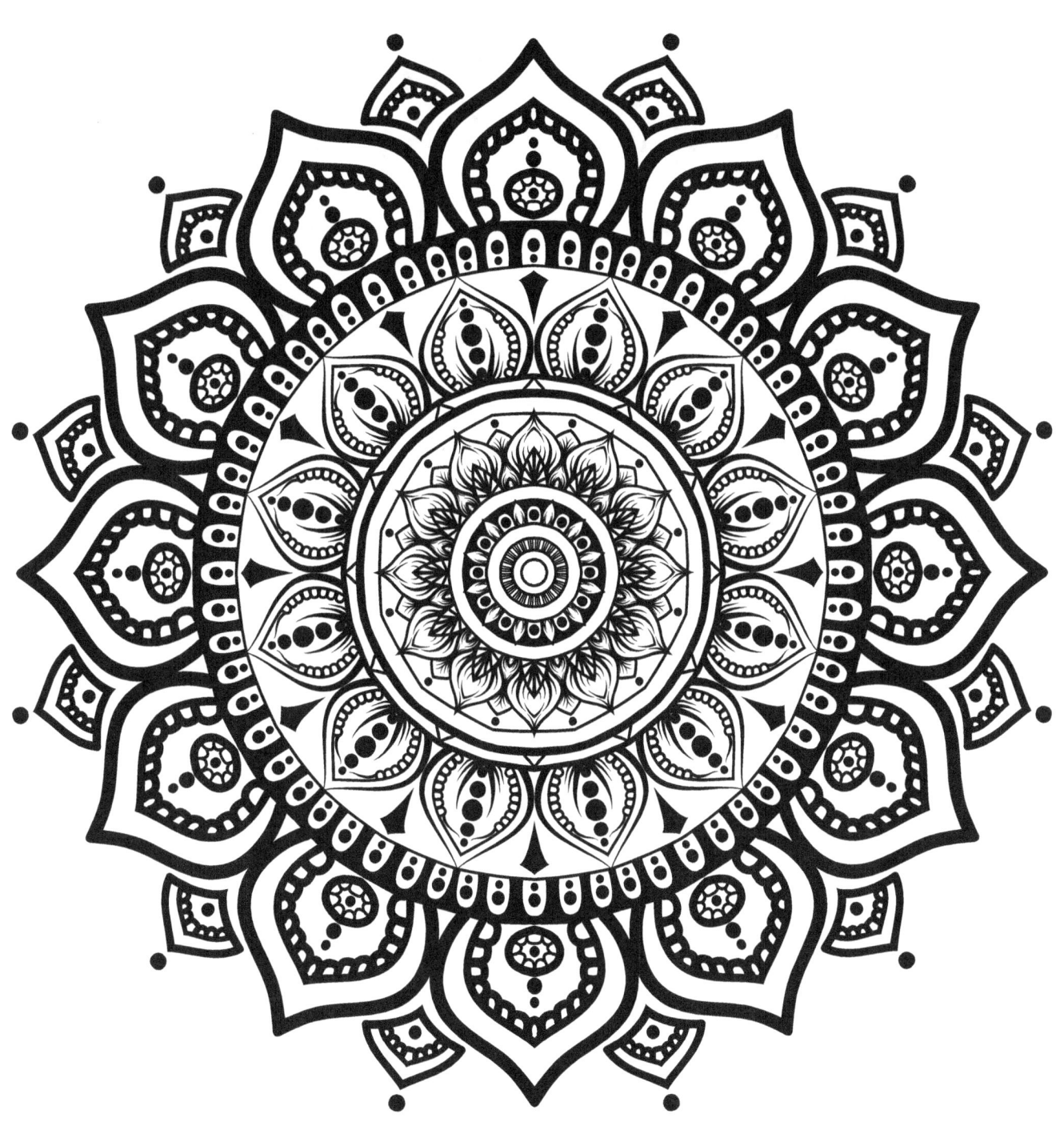

47

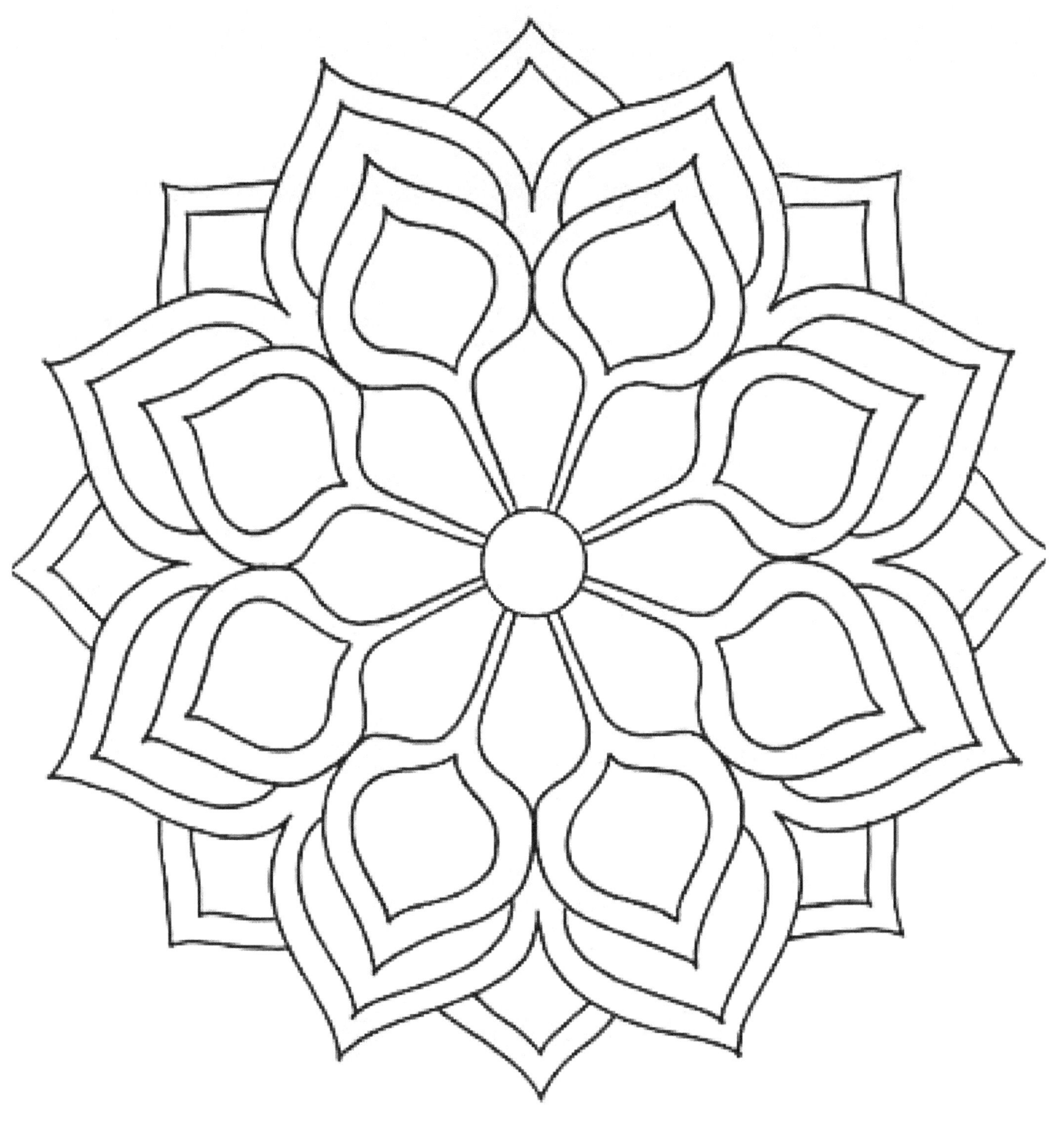

49

51

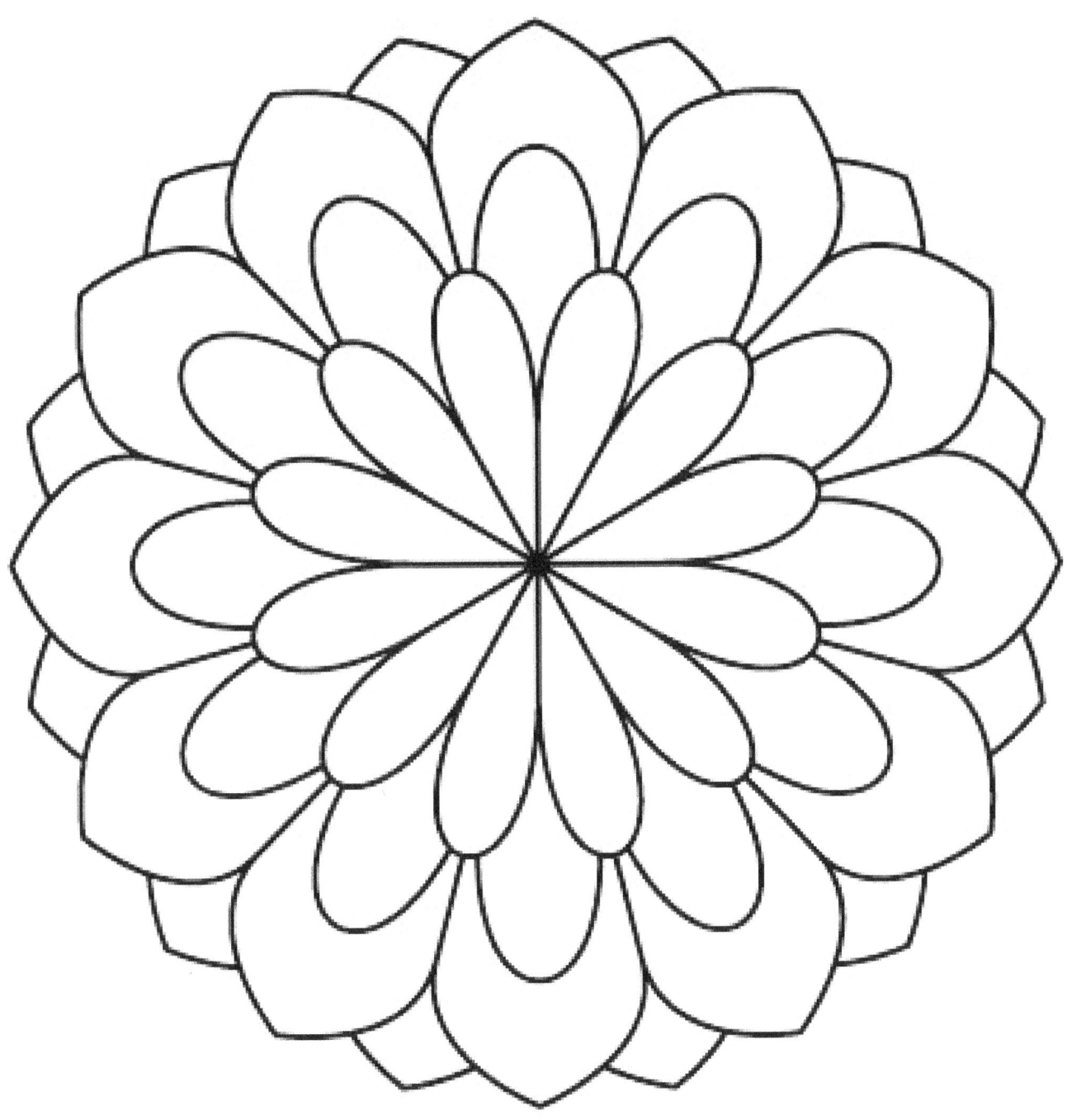

53

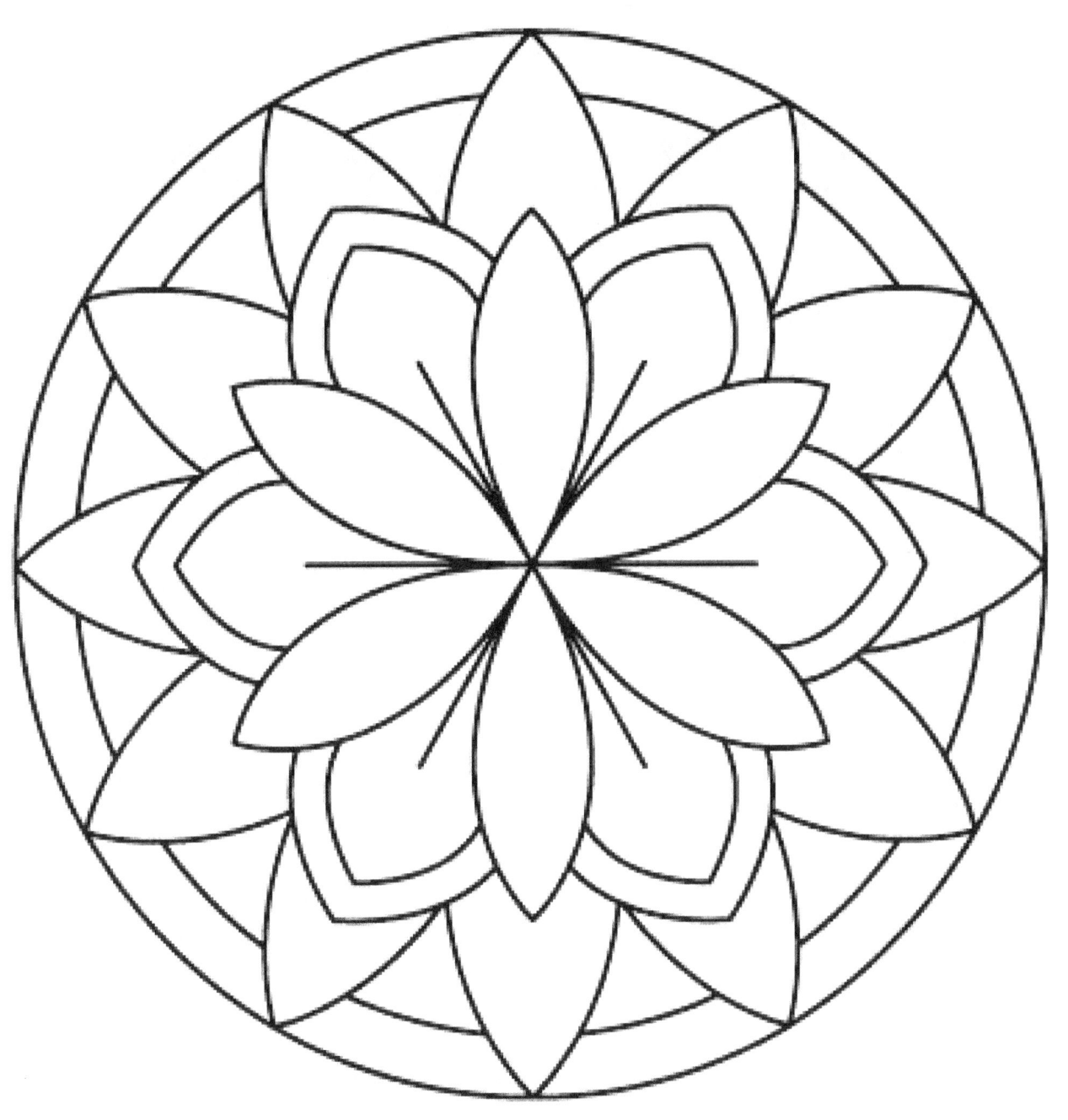

55

56

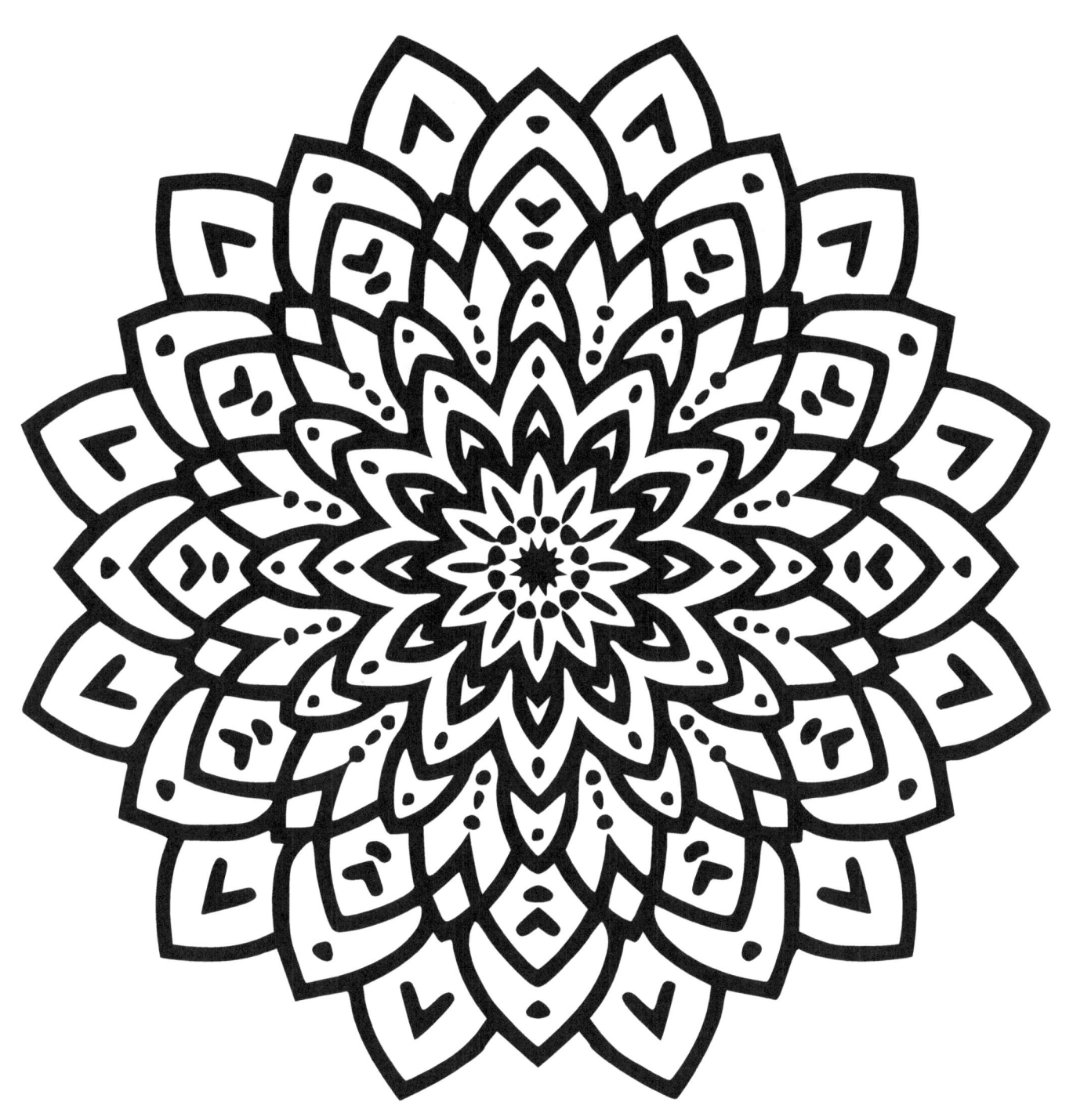

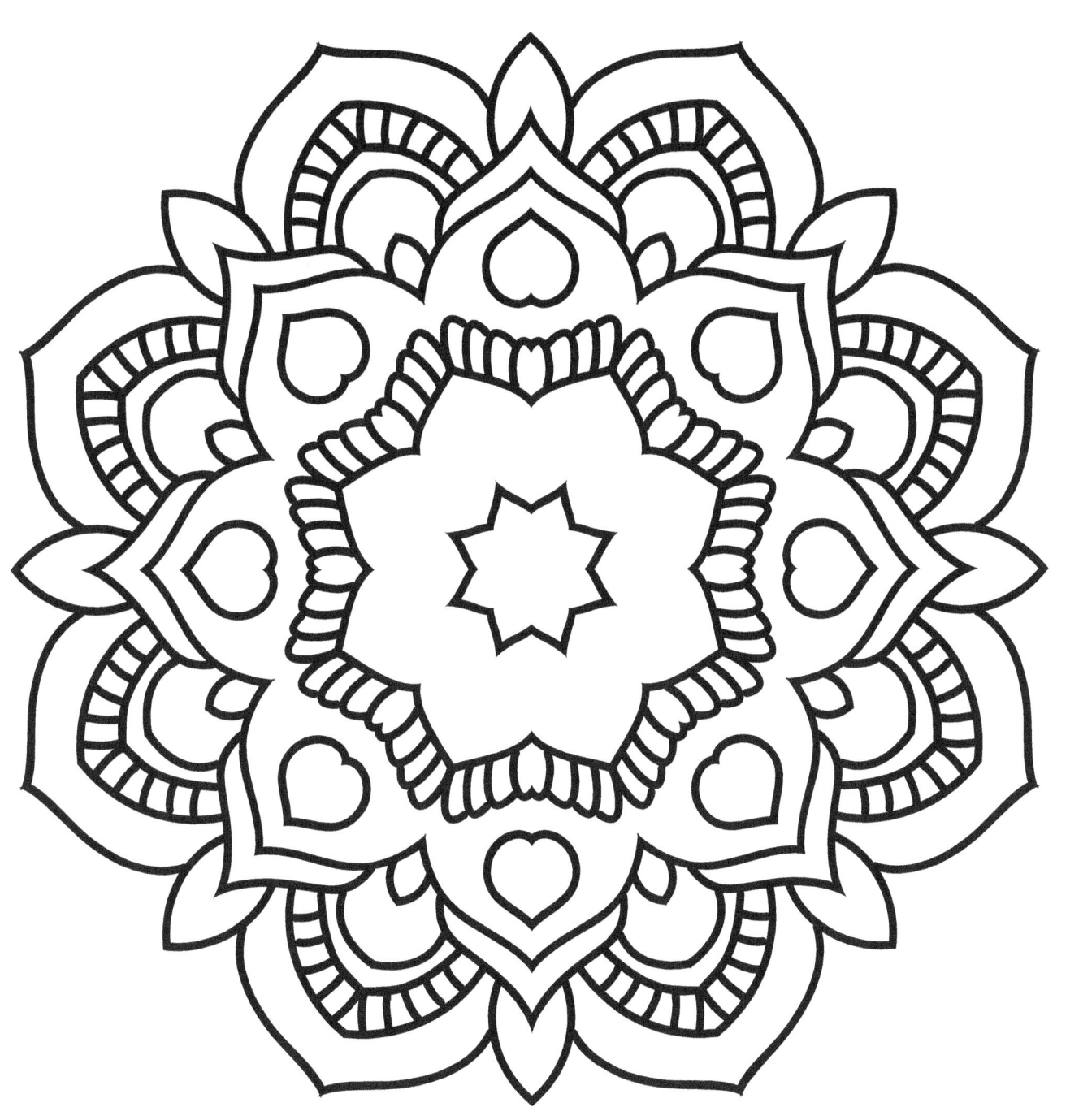

59

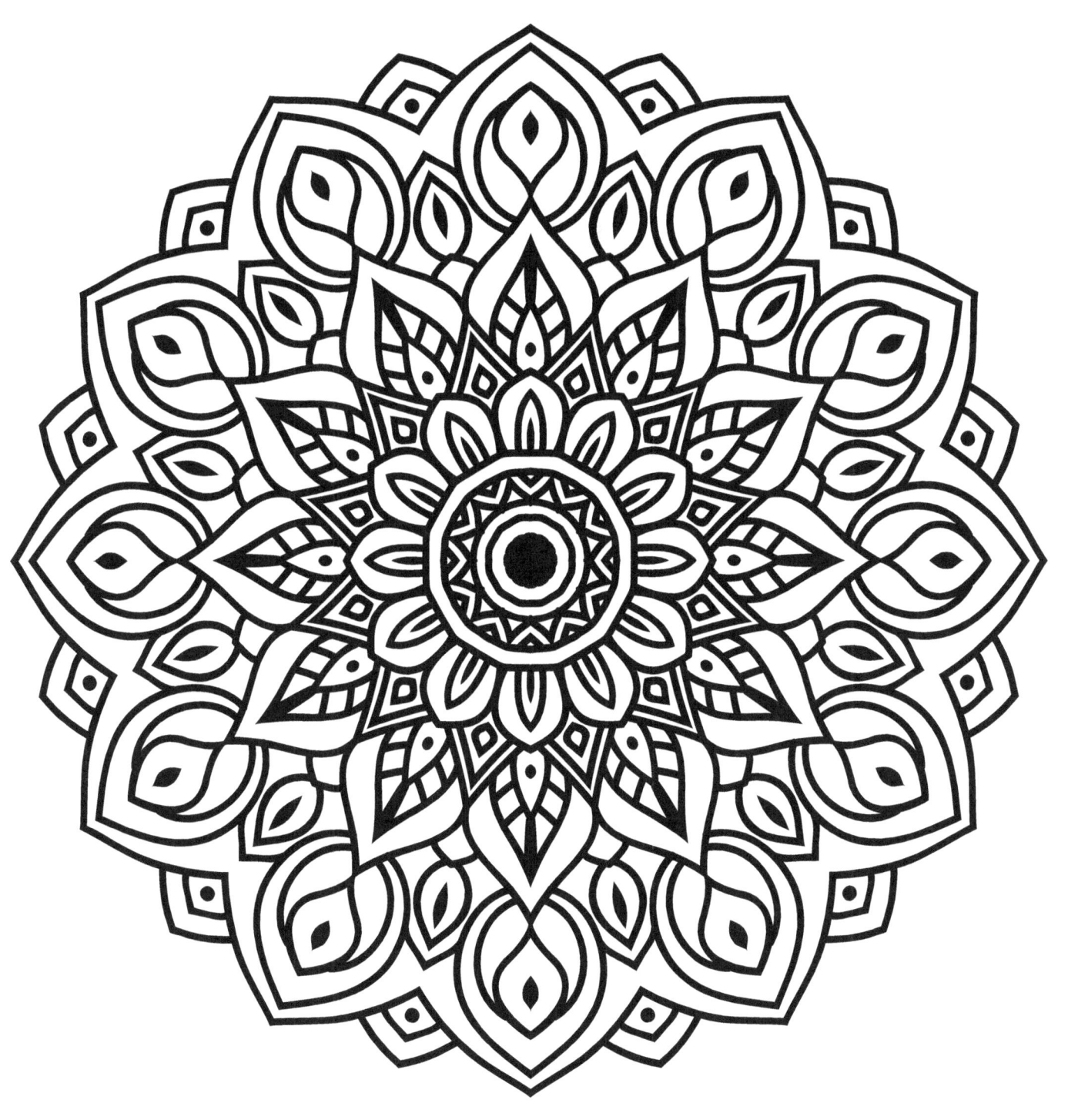

61

63

65

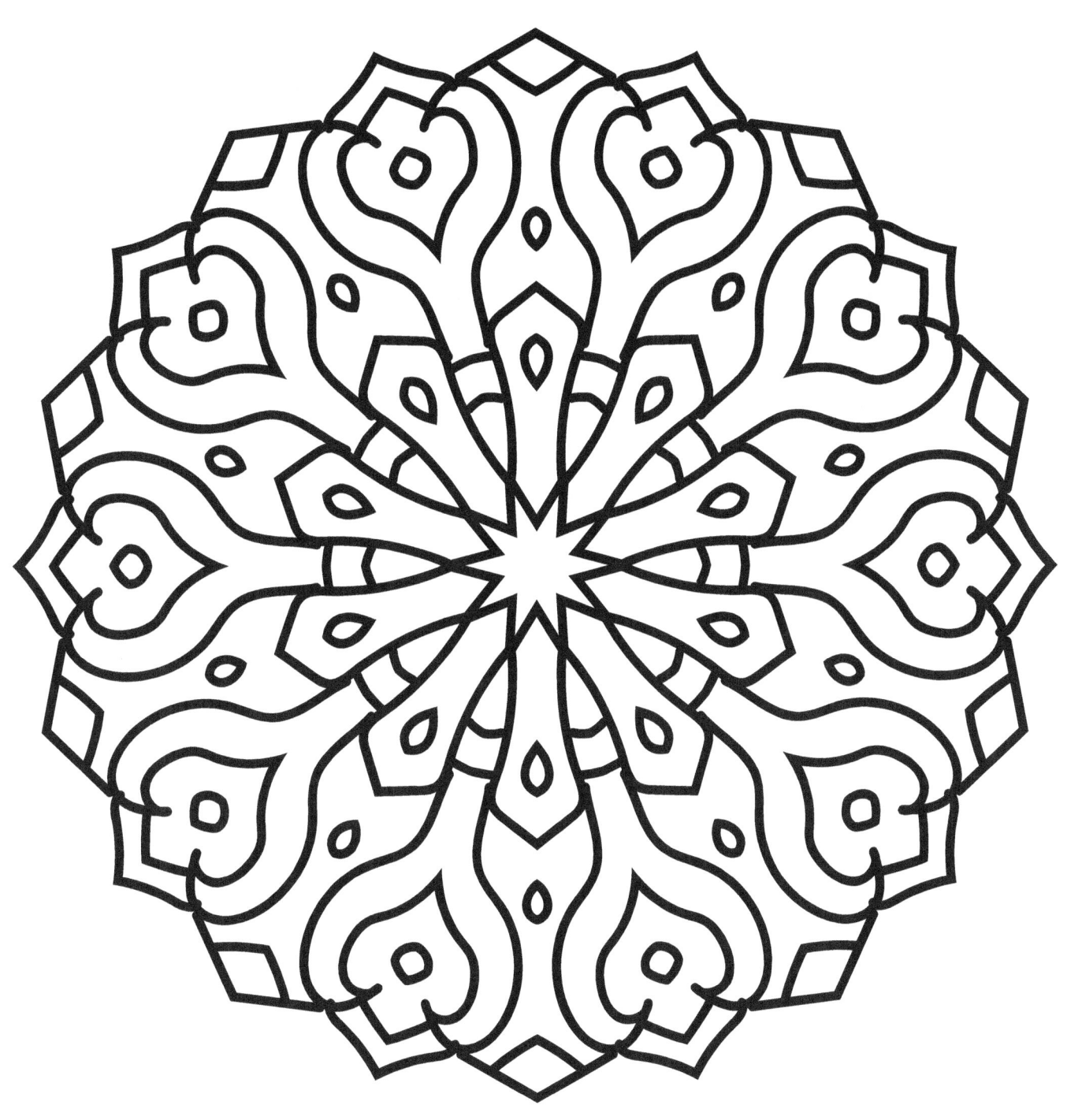

67

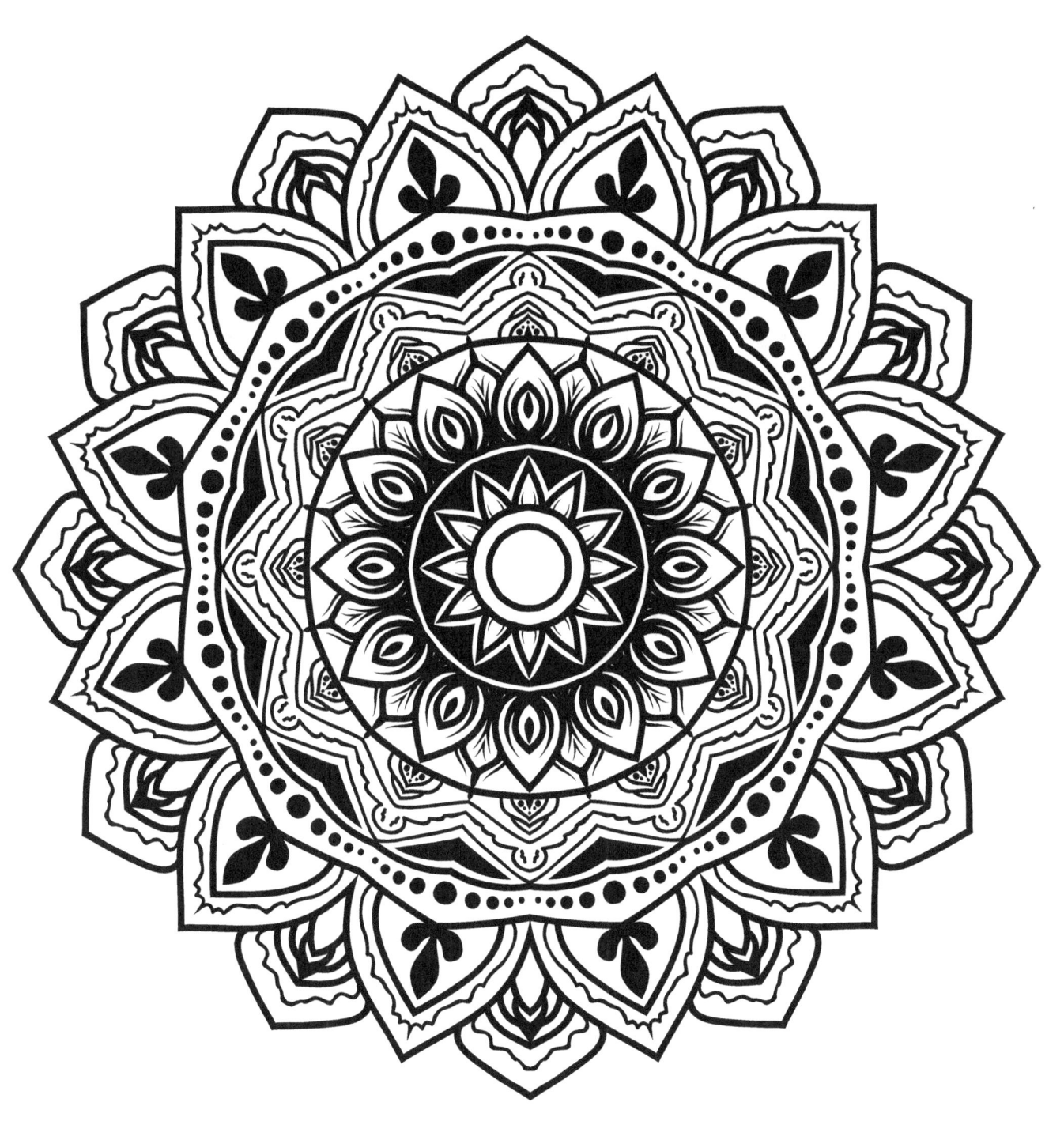

69

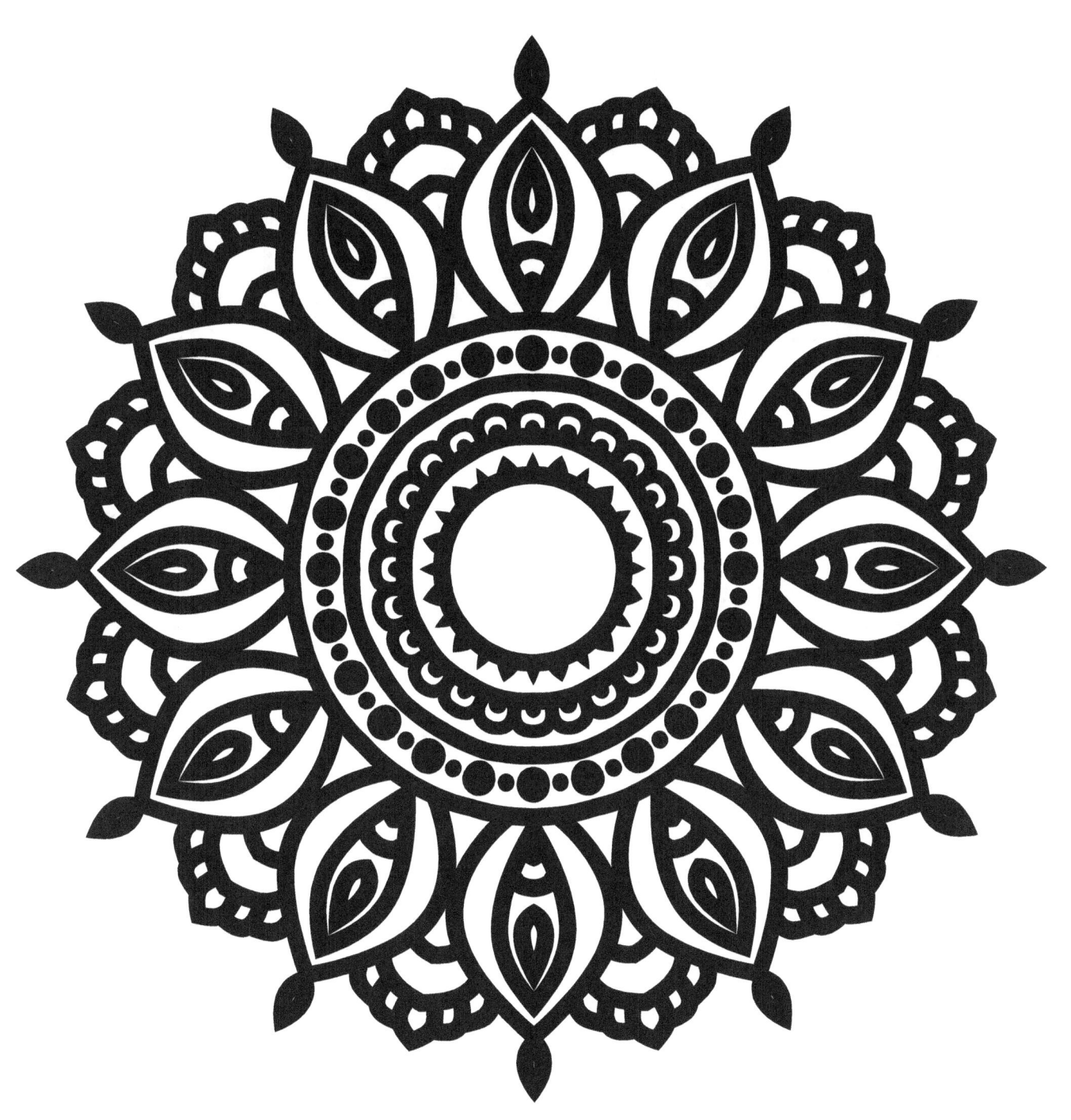

71

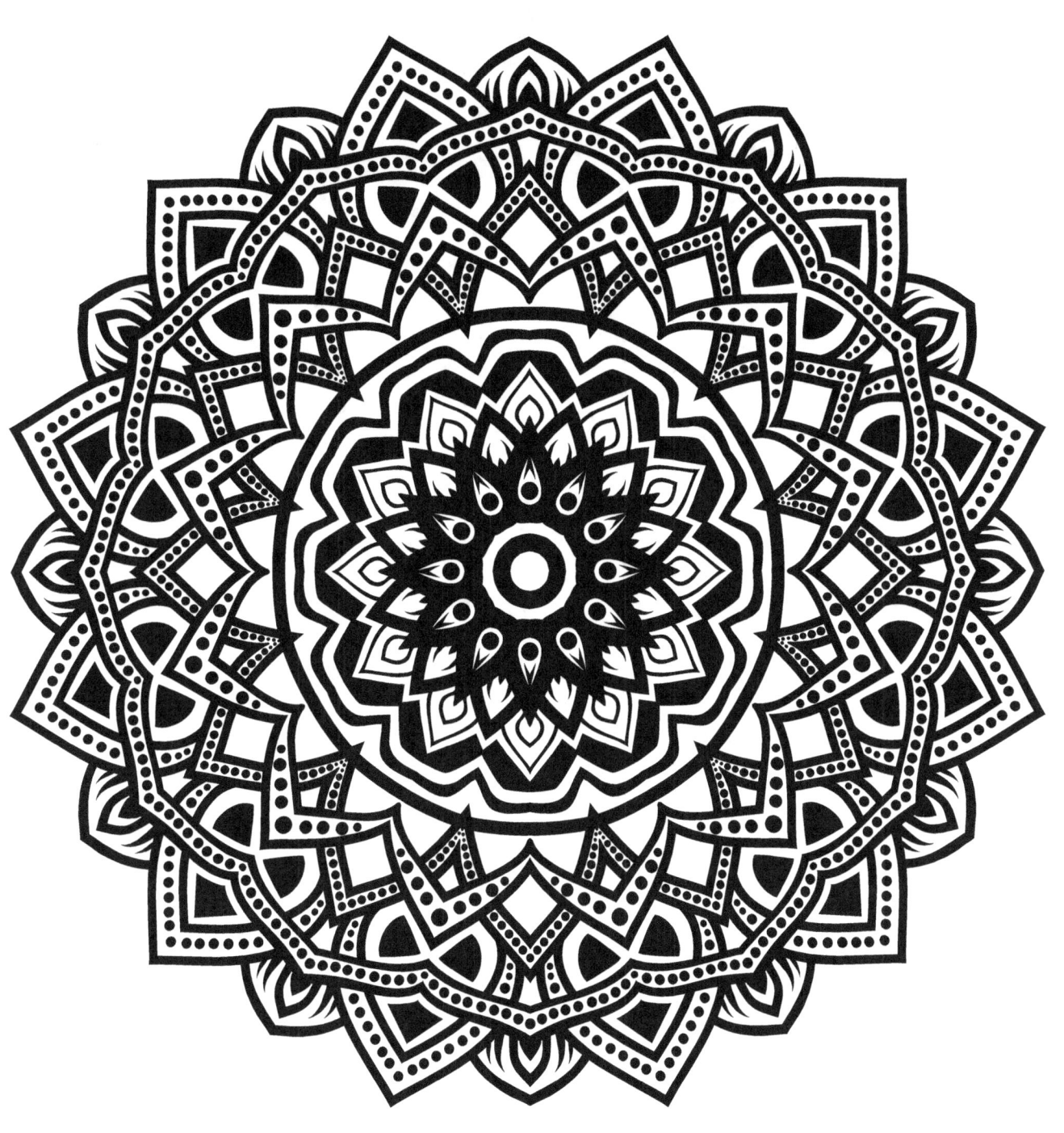

73

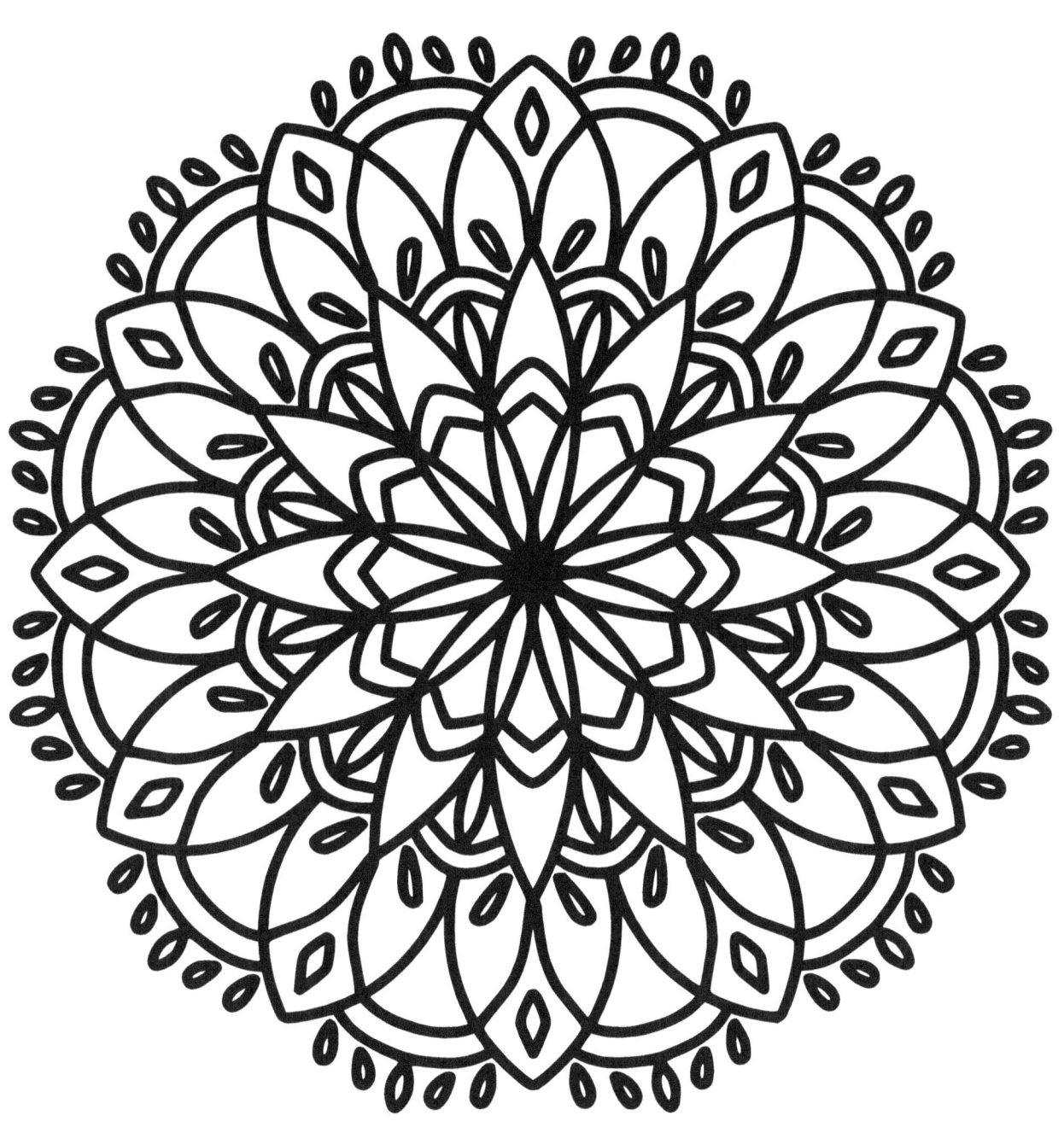

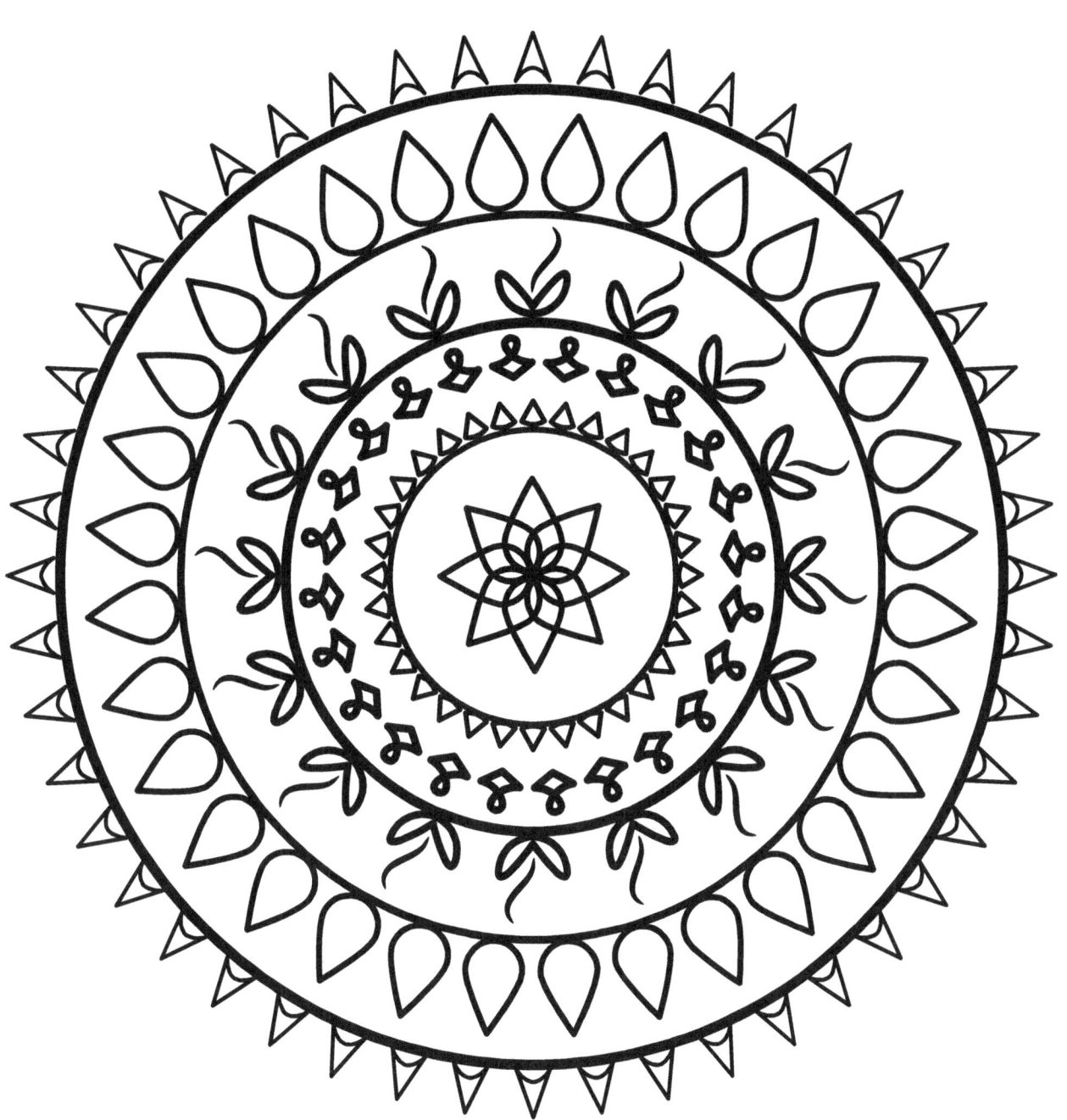

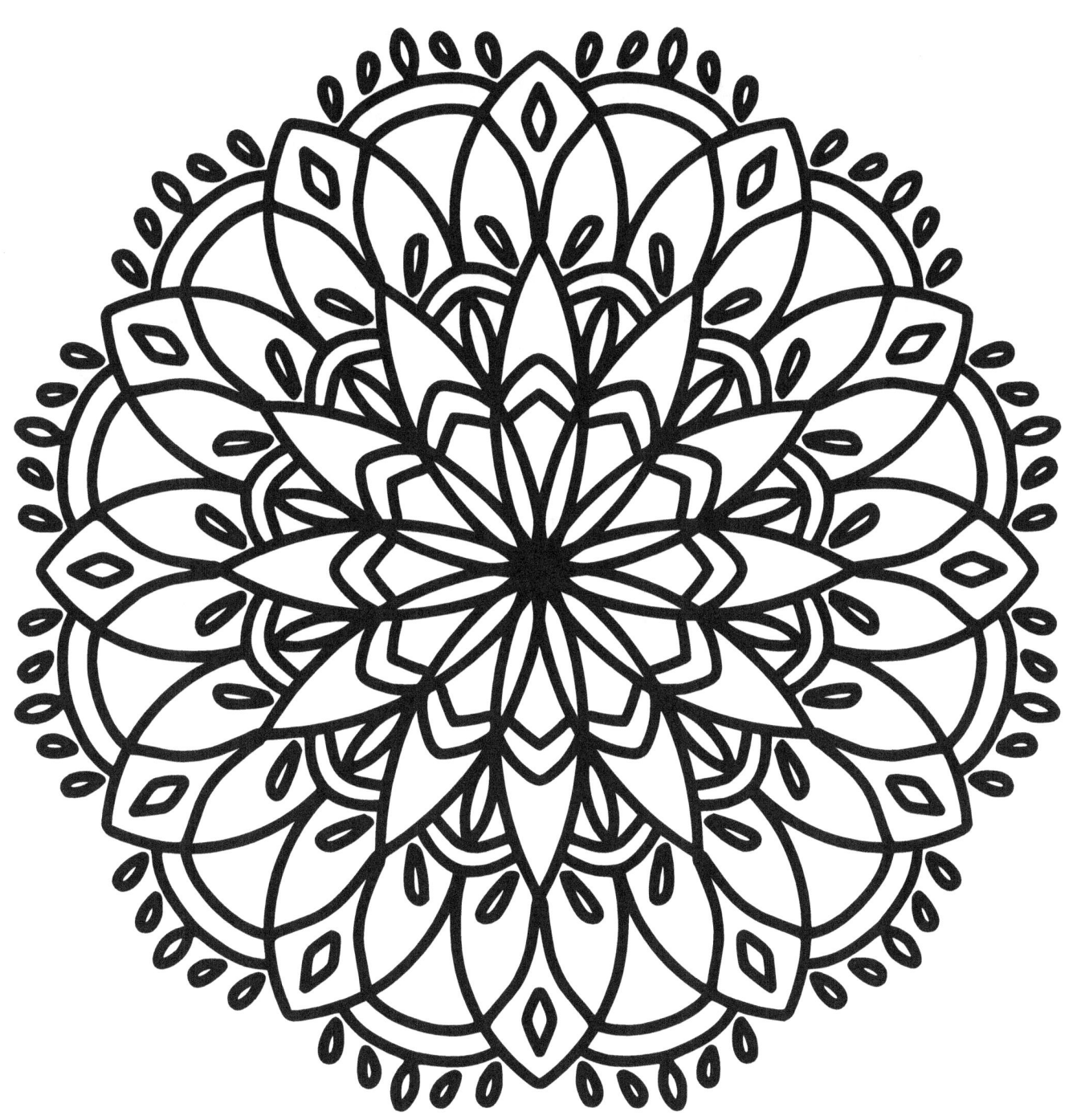

79

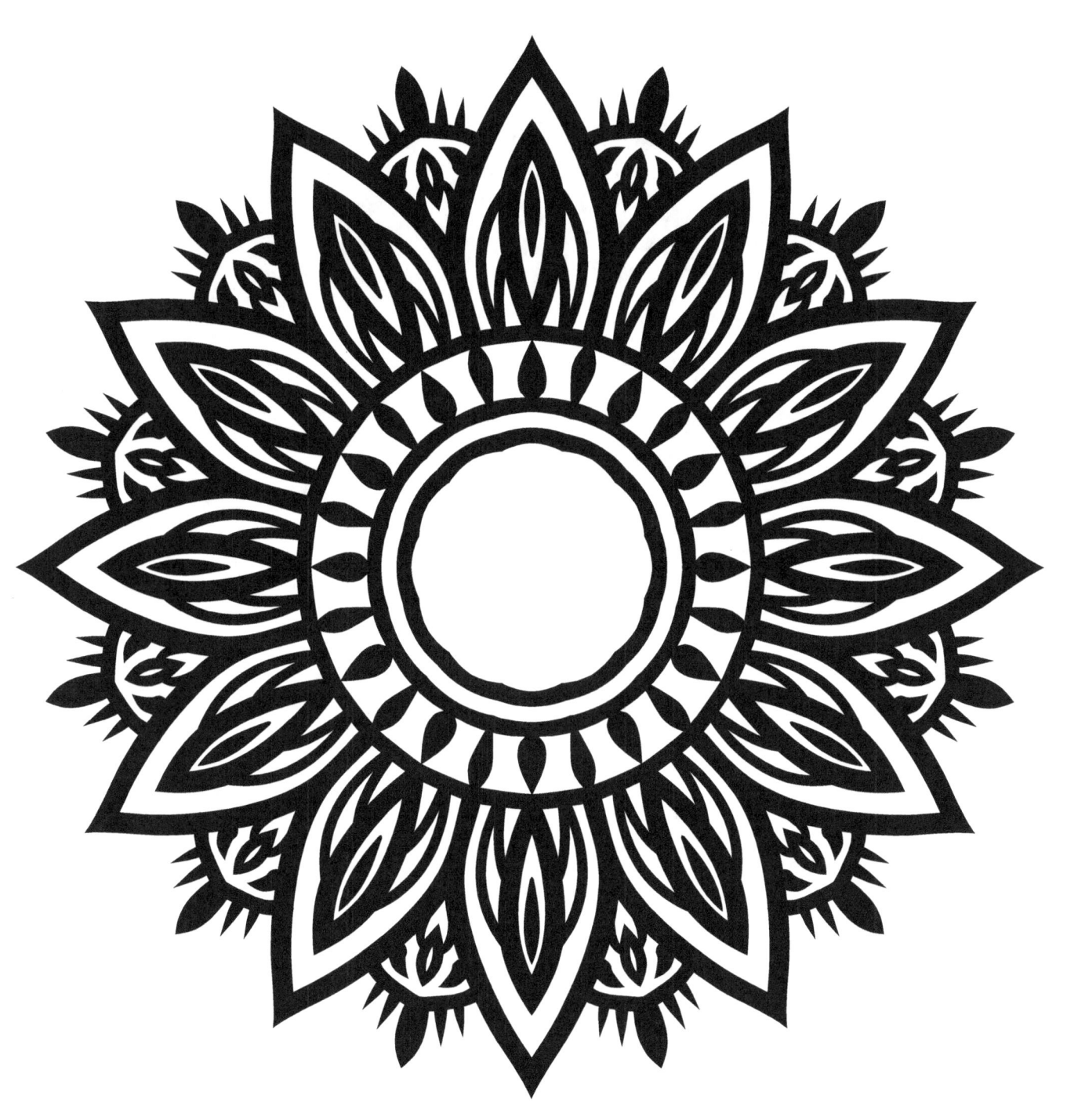

81

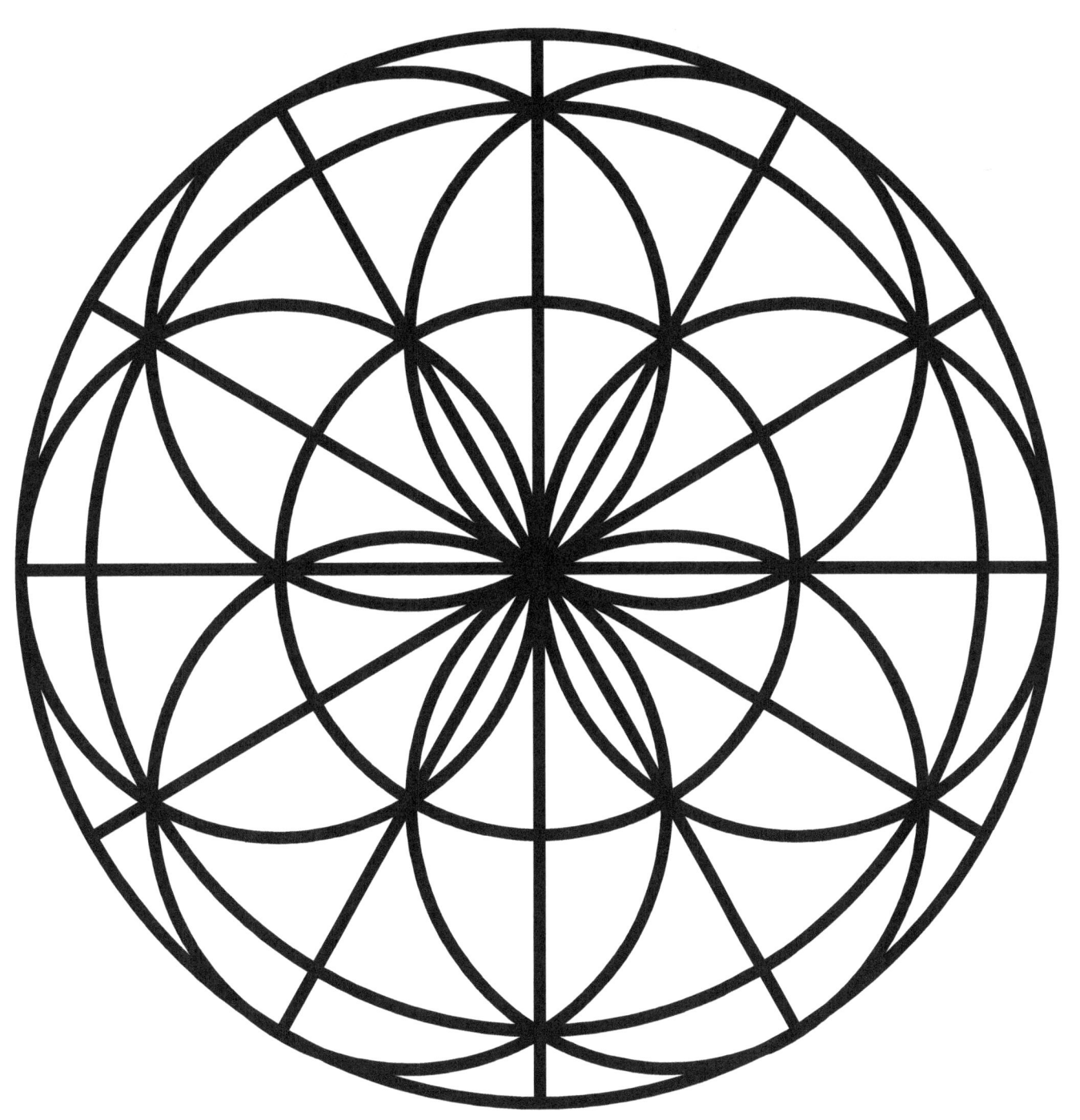

83

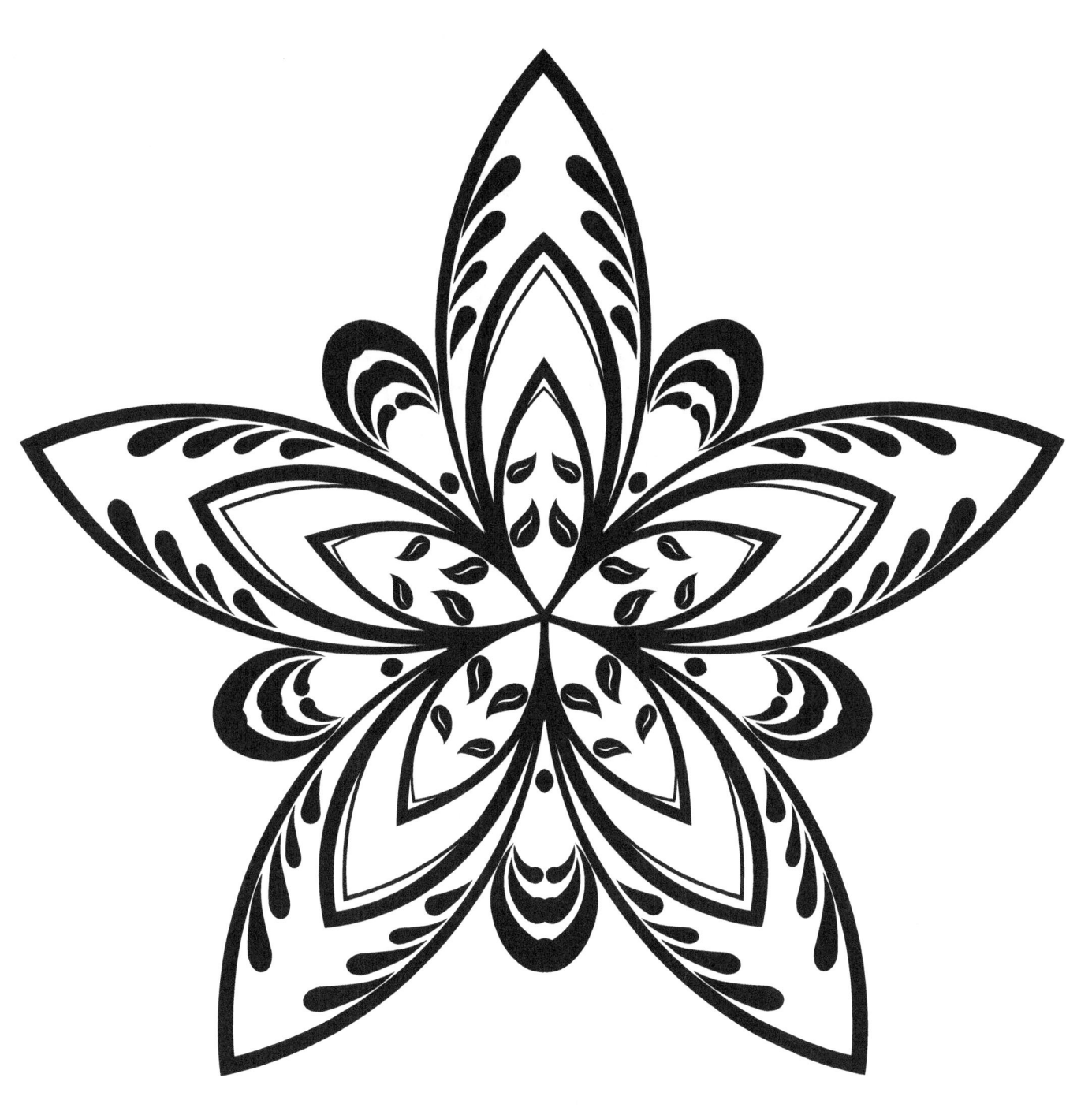

85

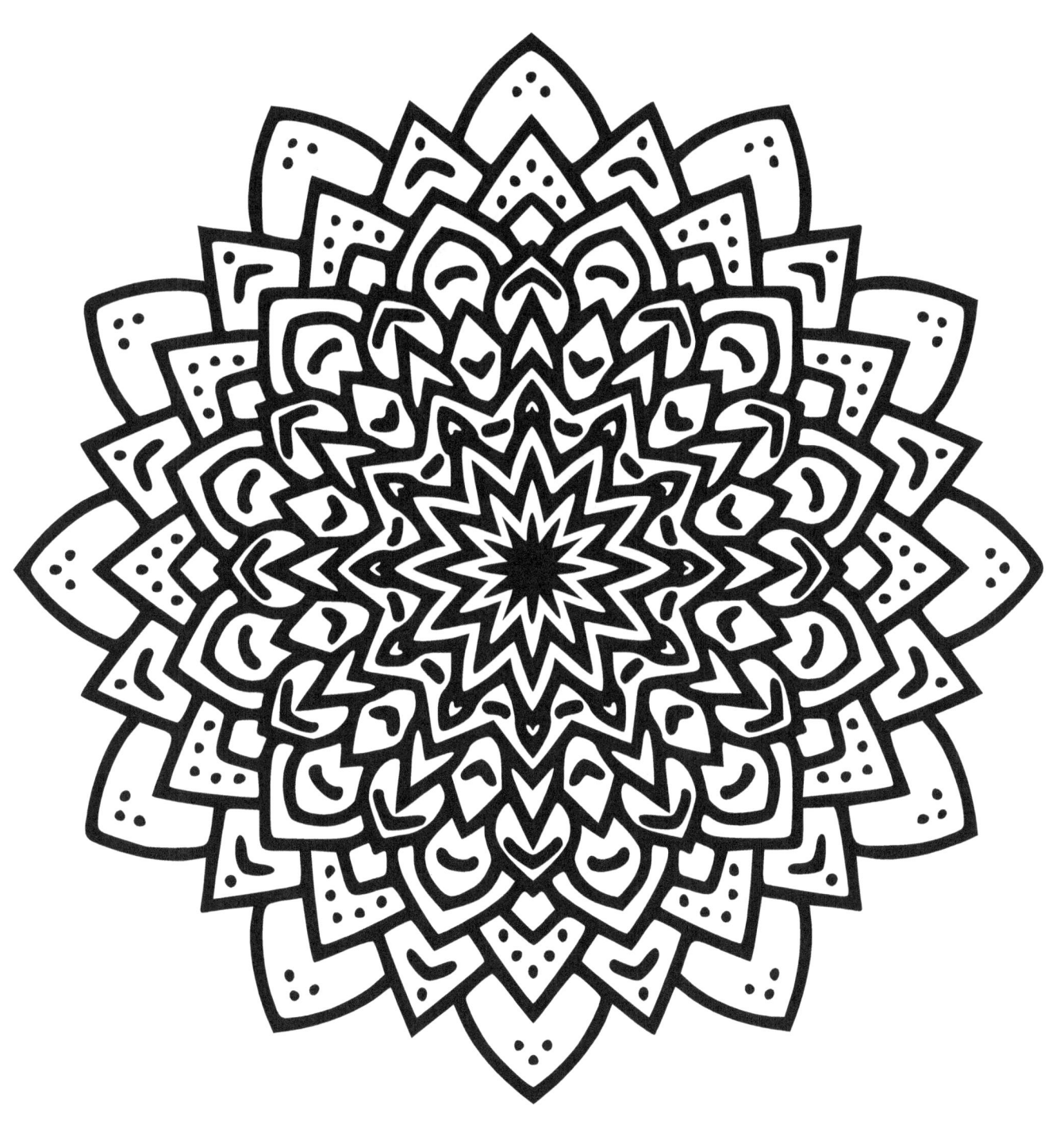

89

91

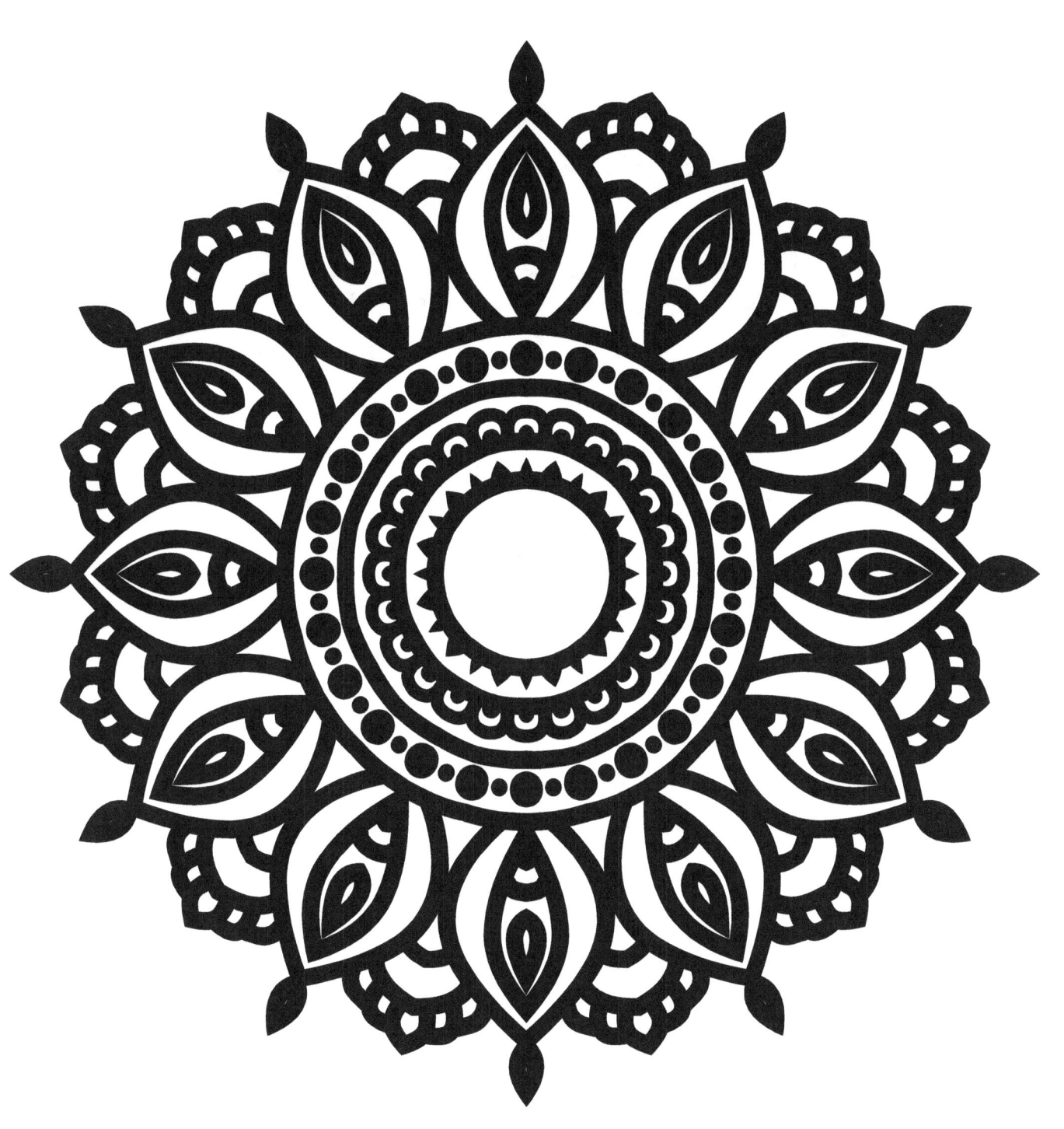

93

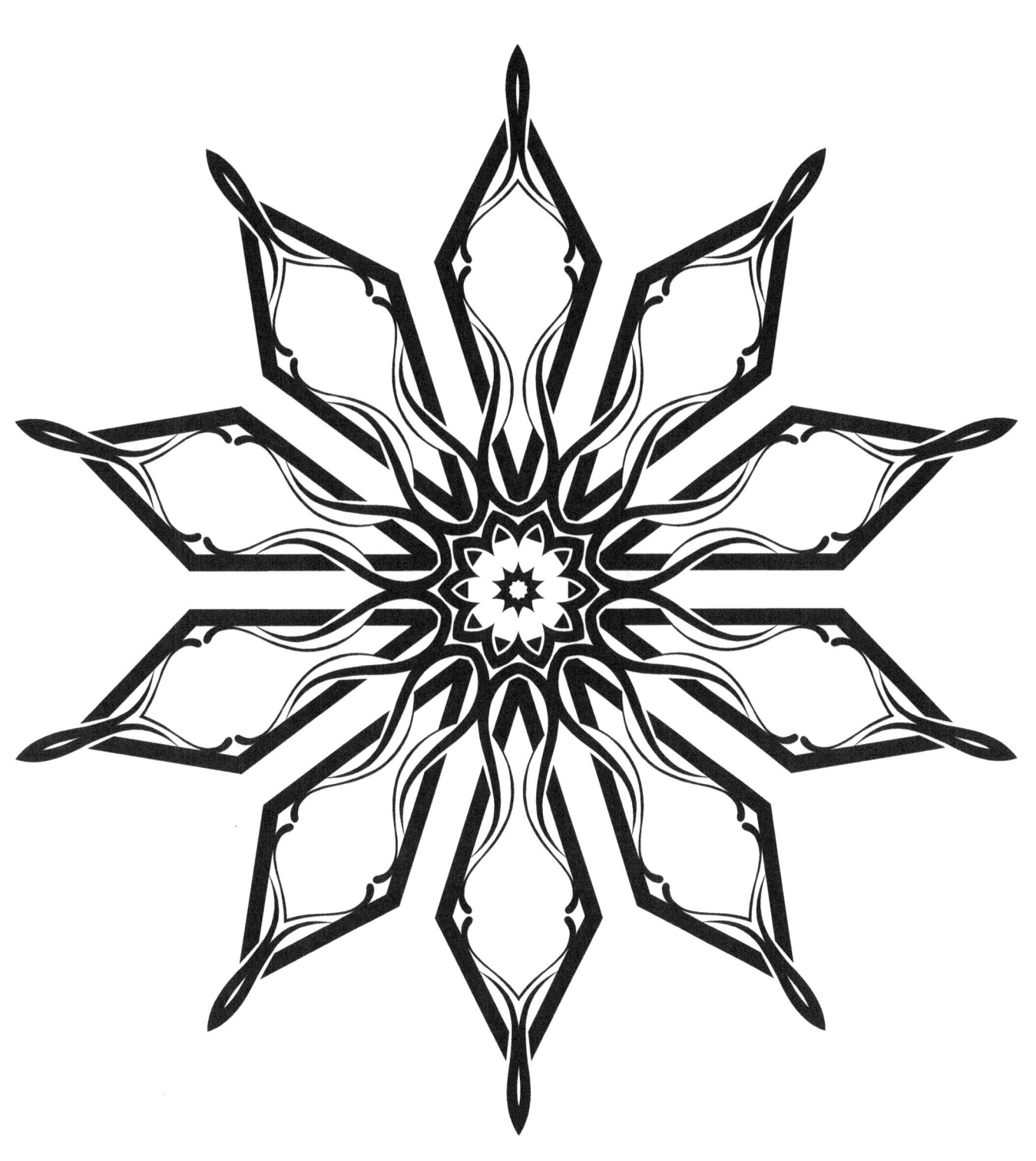

95

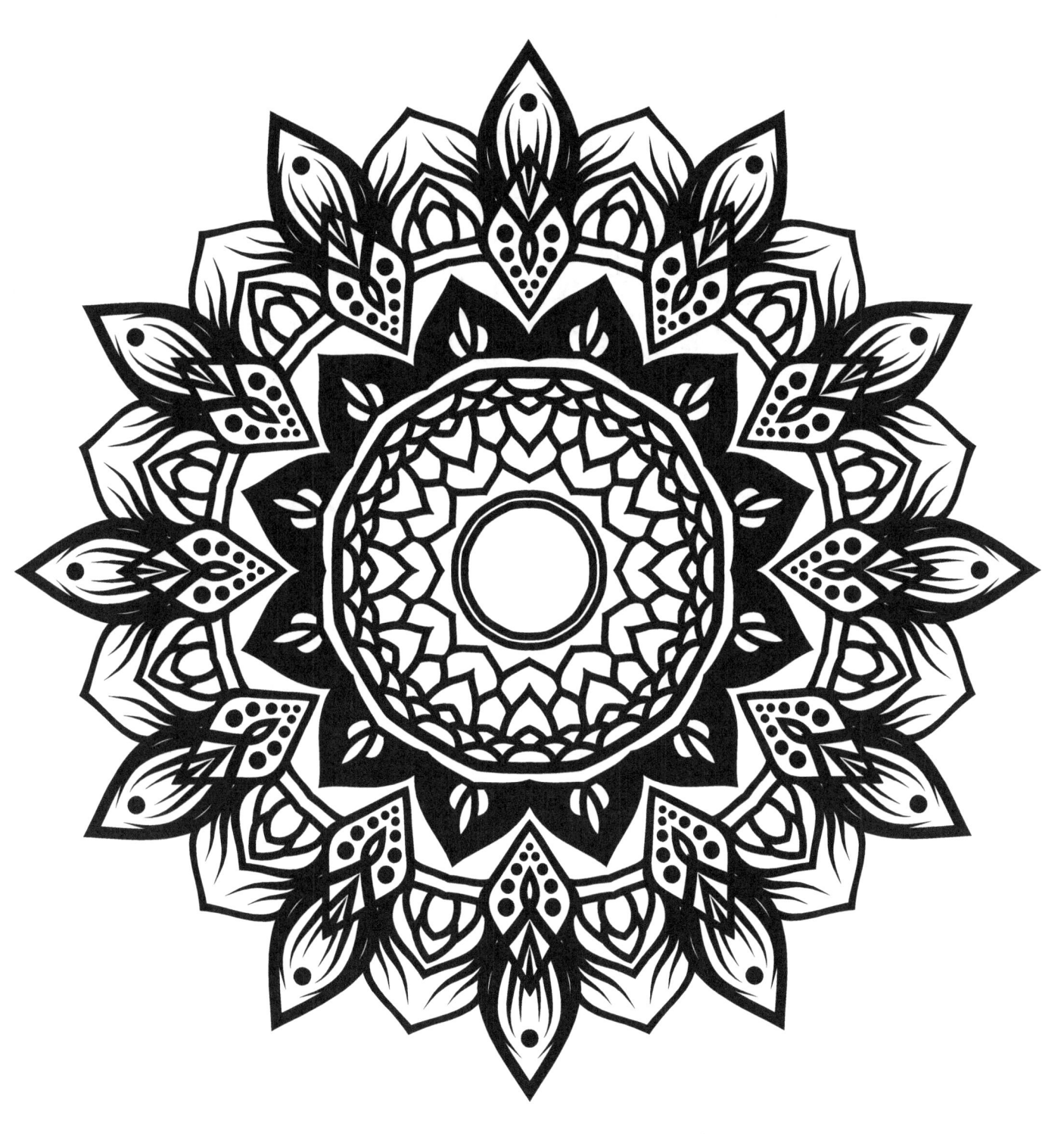

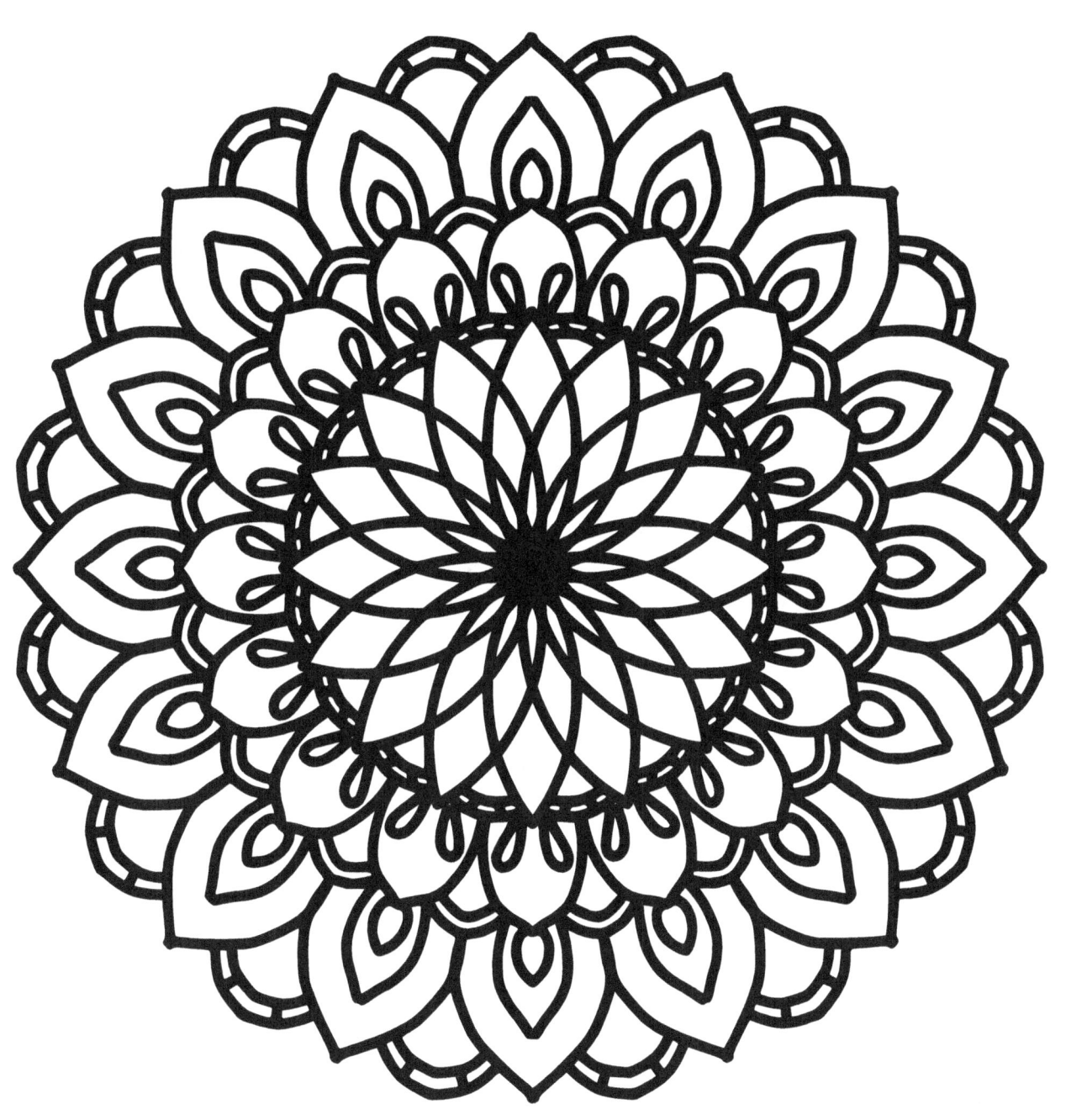

99

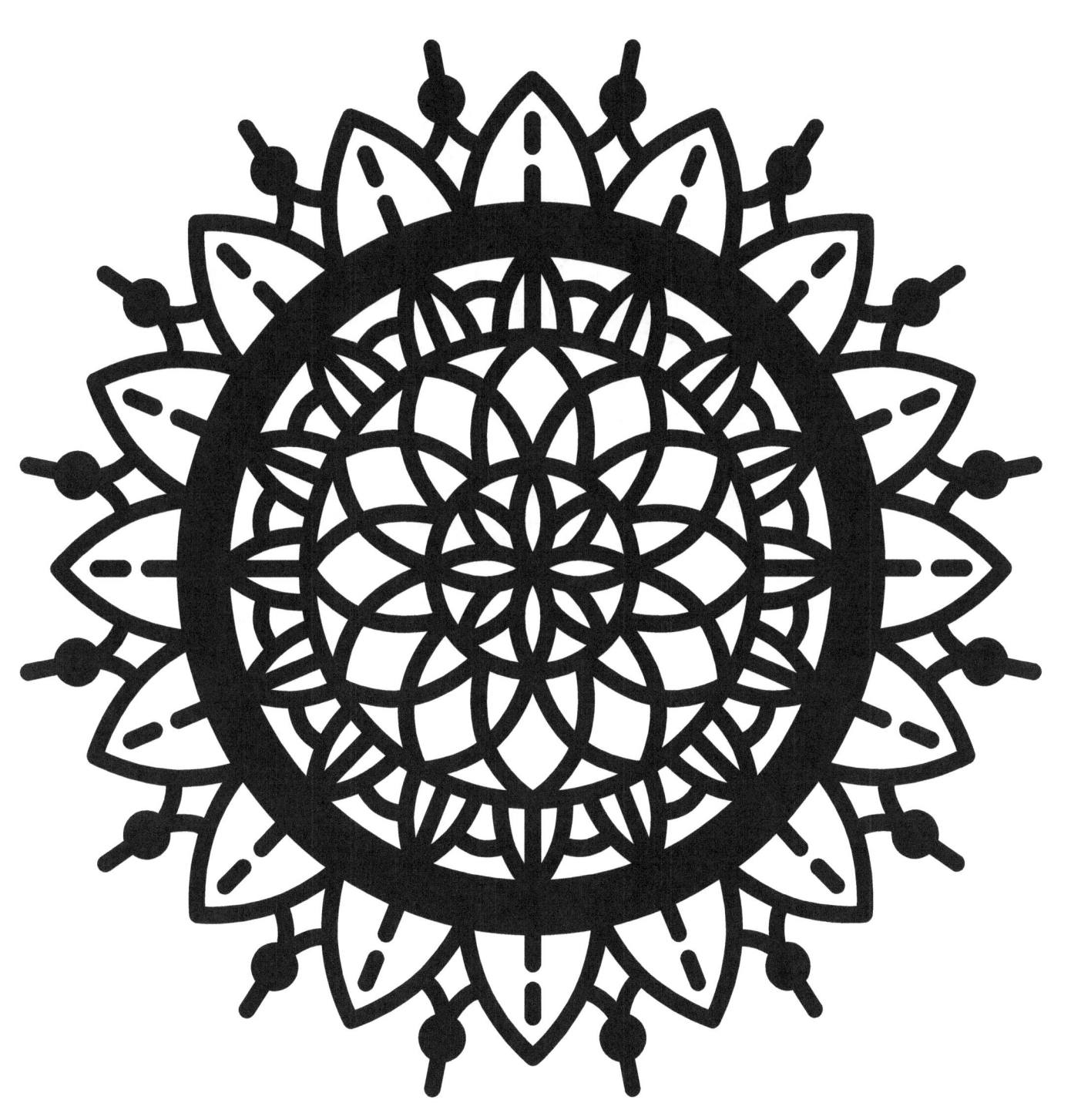

101

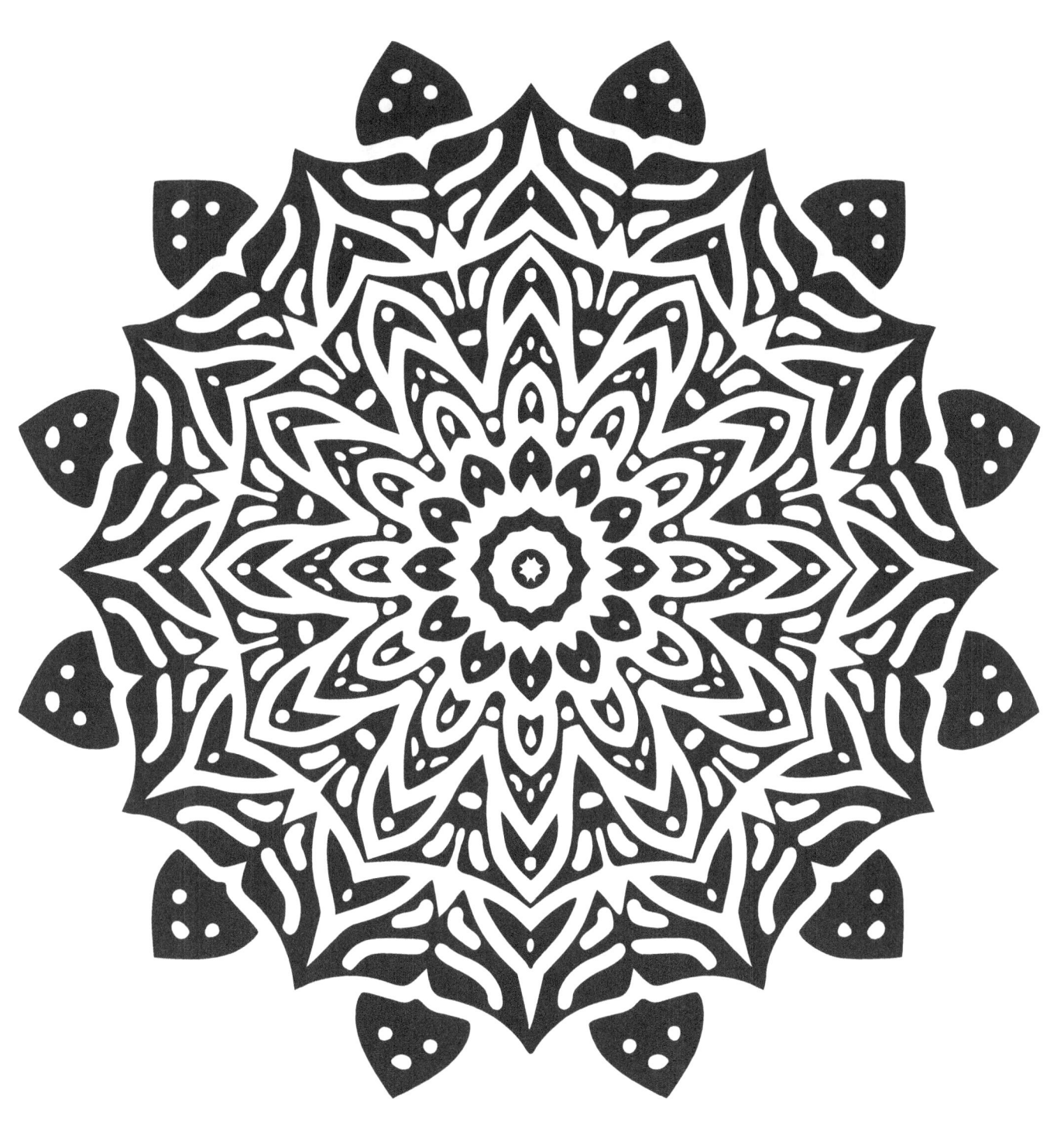

103

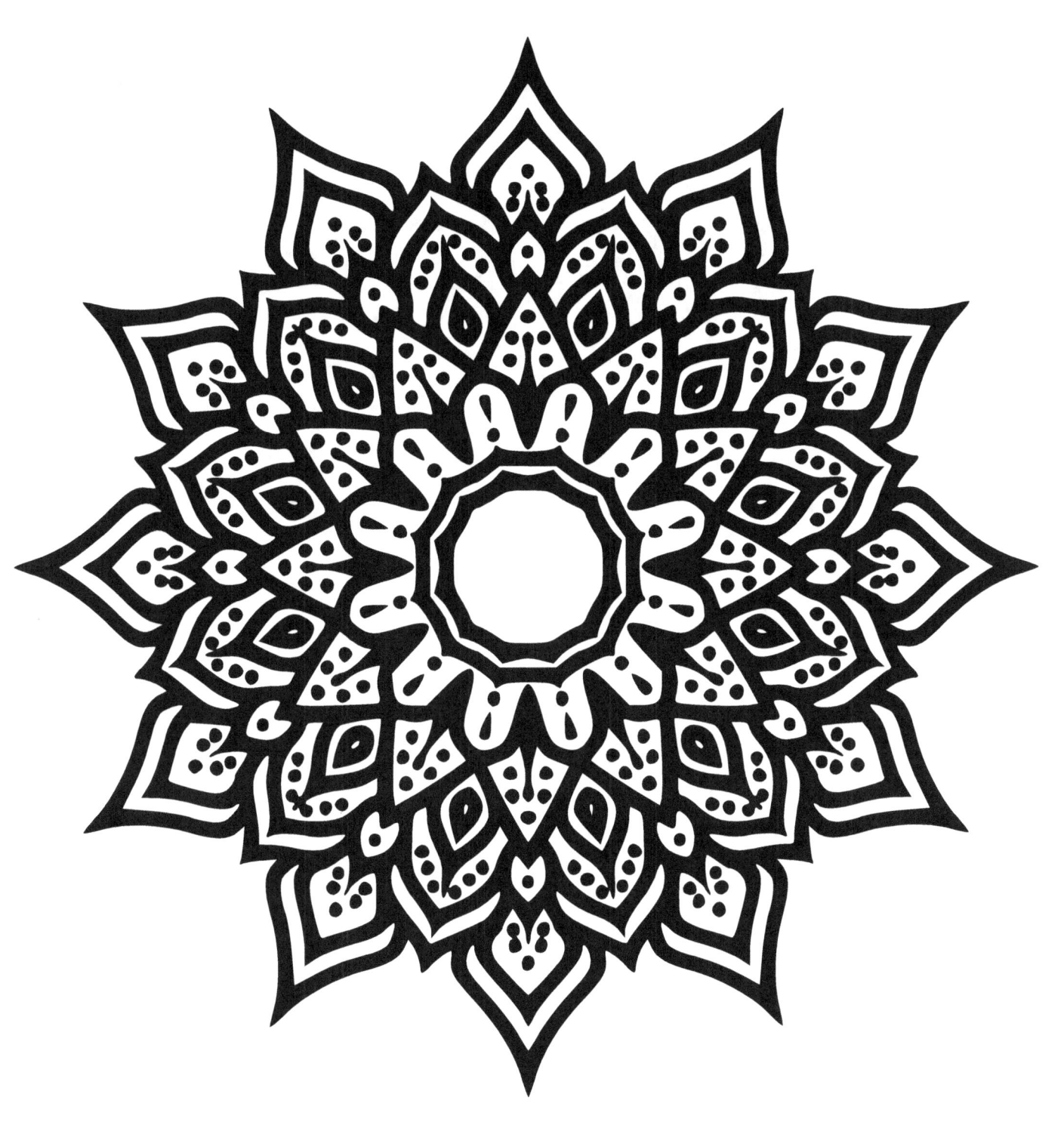

105

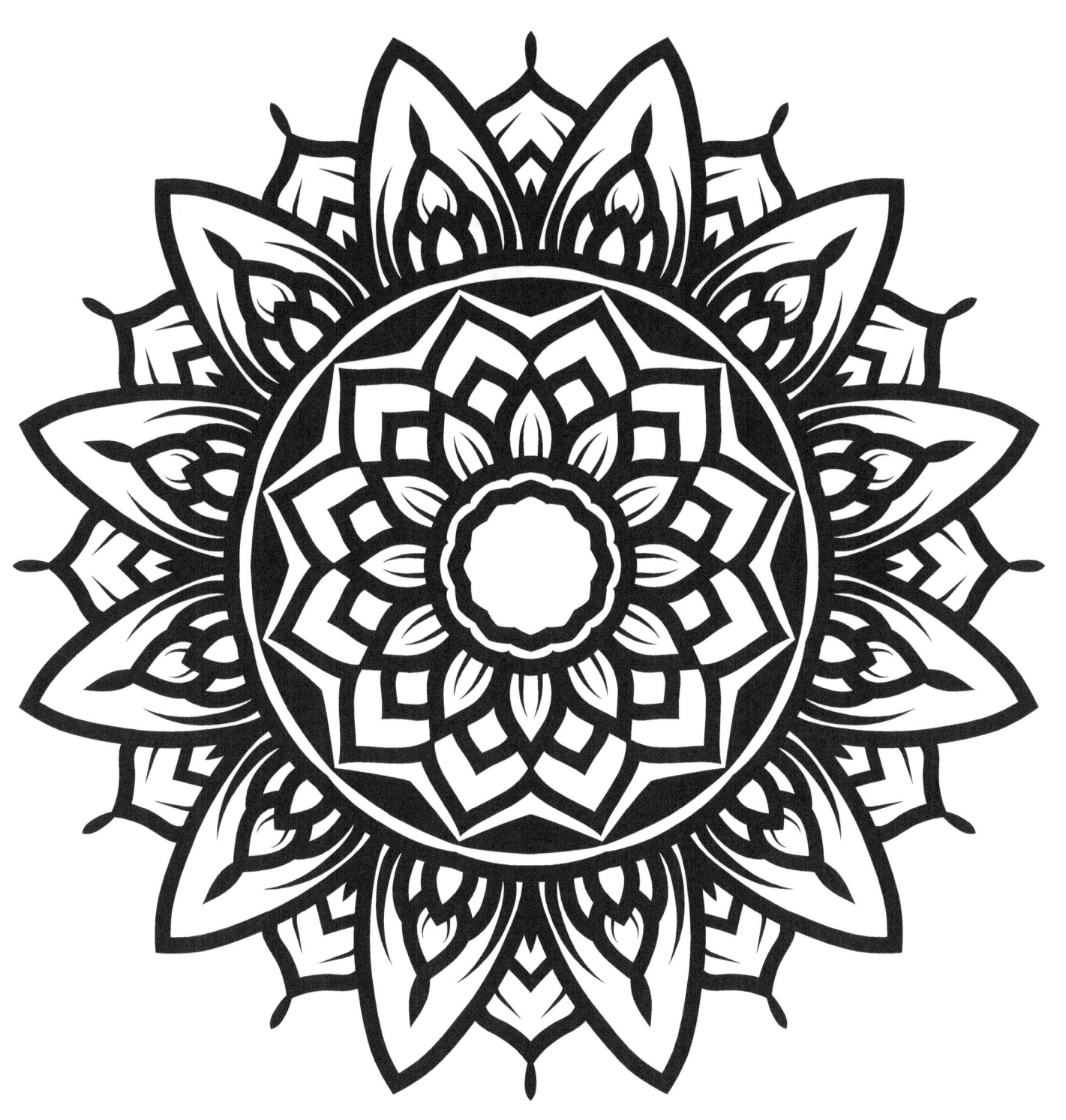

107

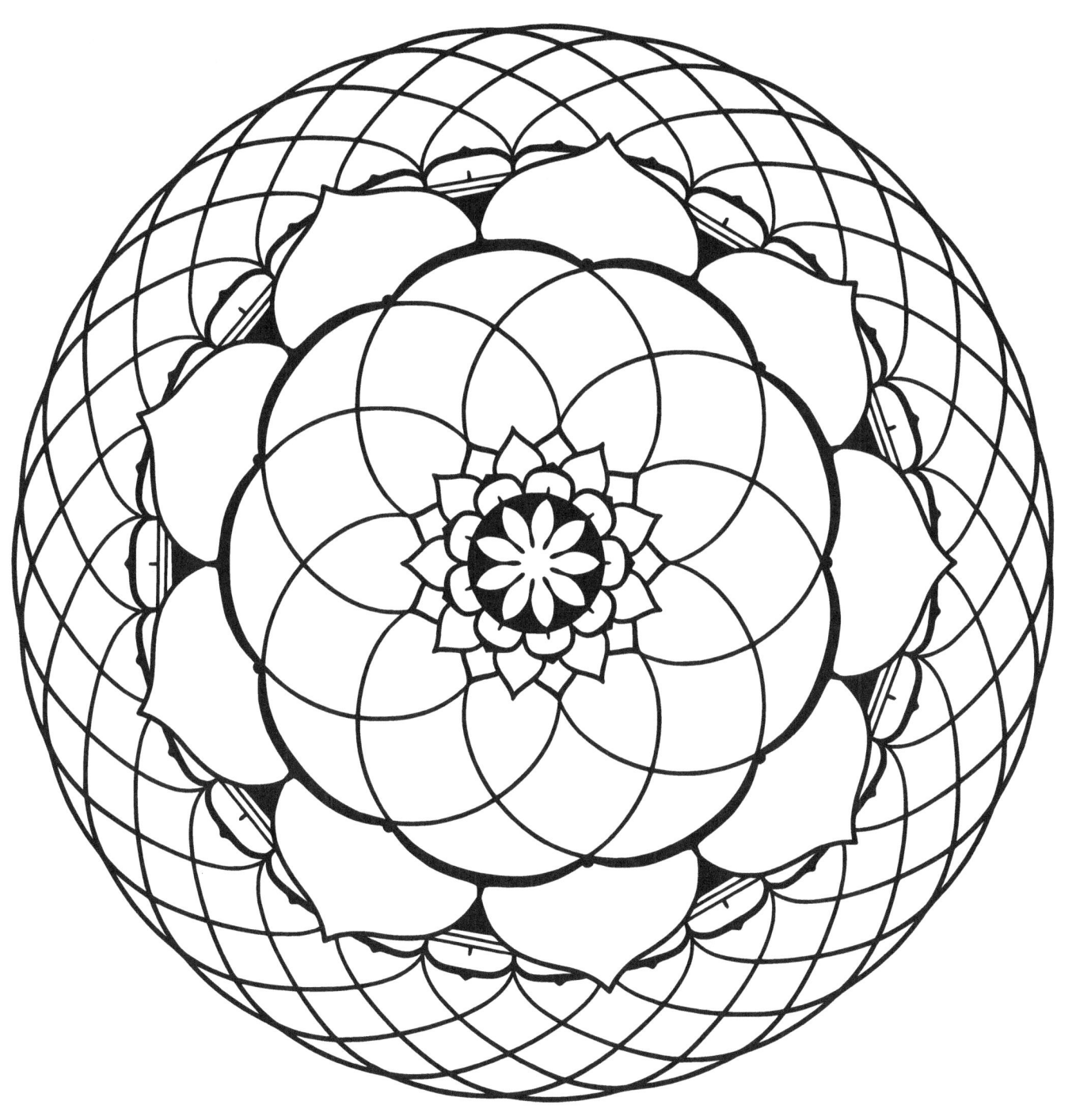

109

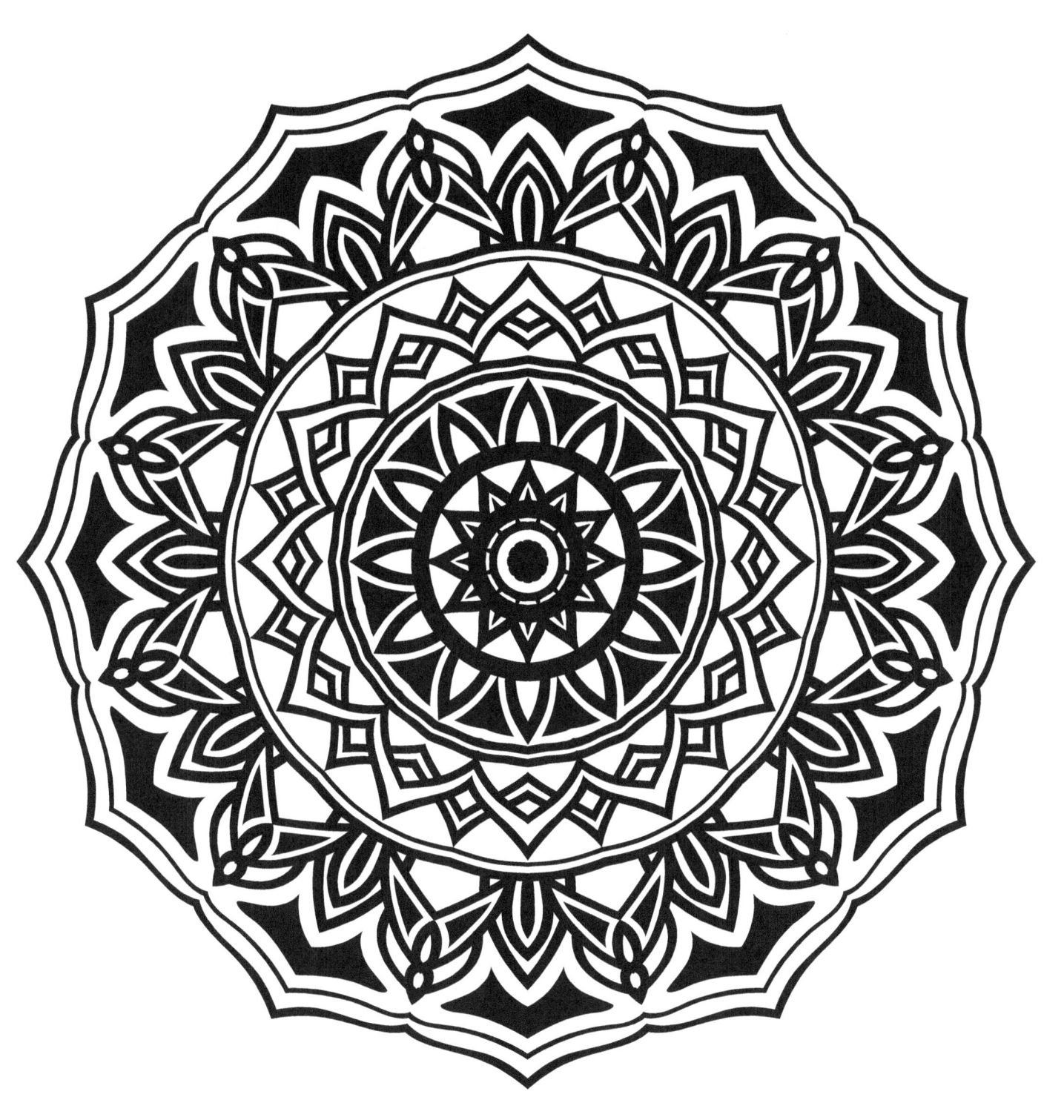

111

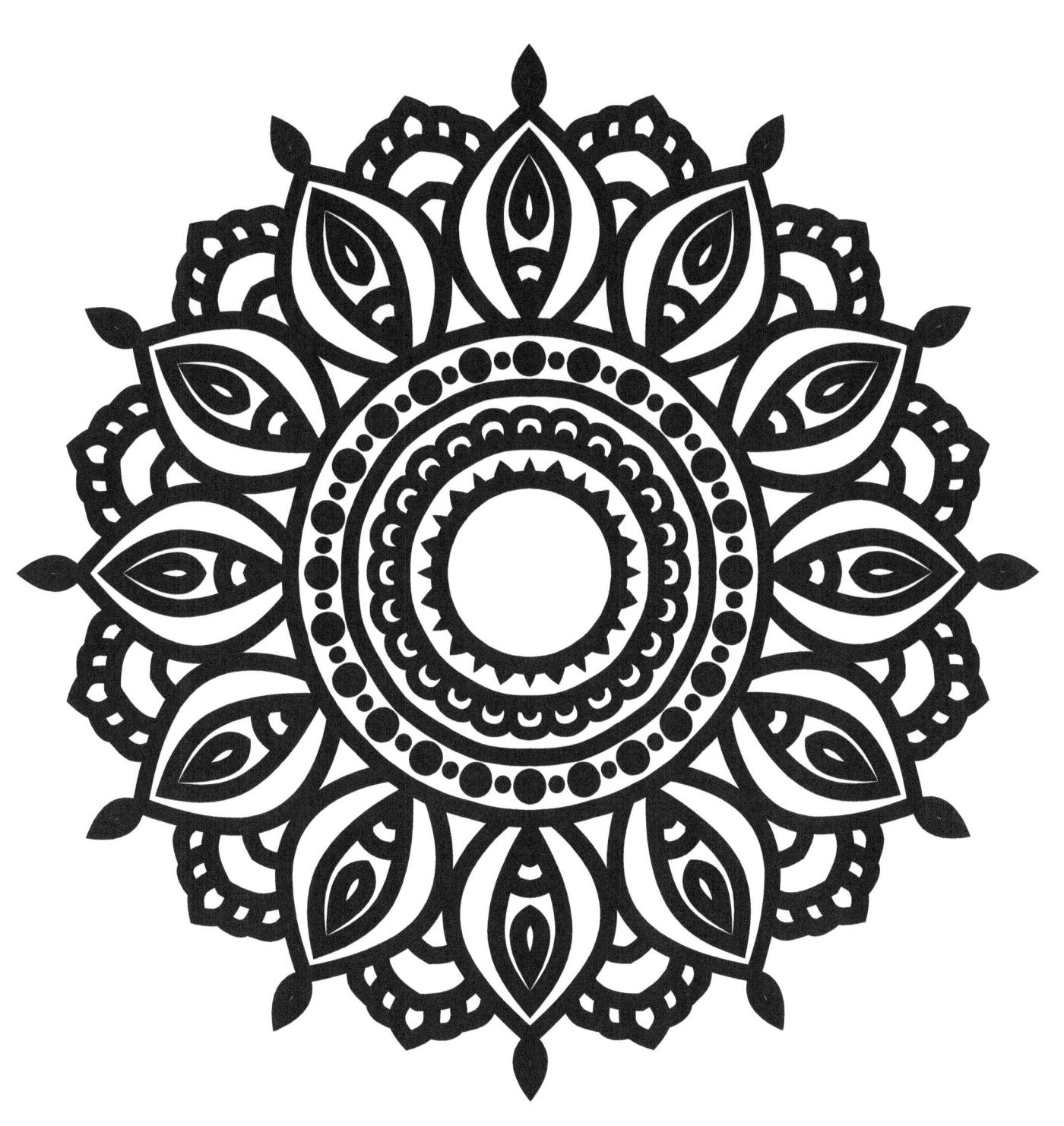

117

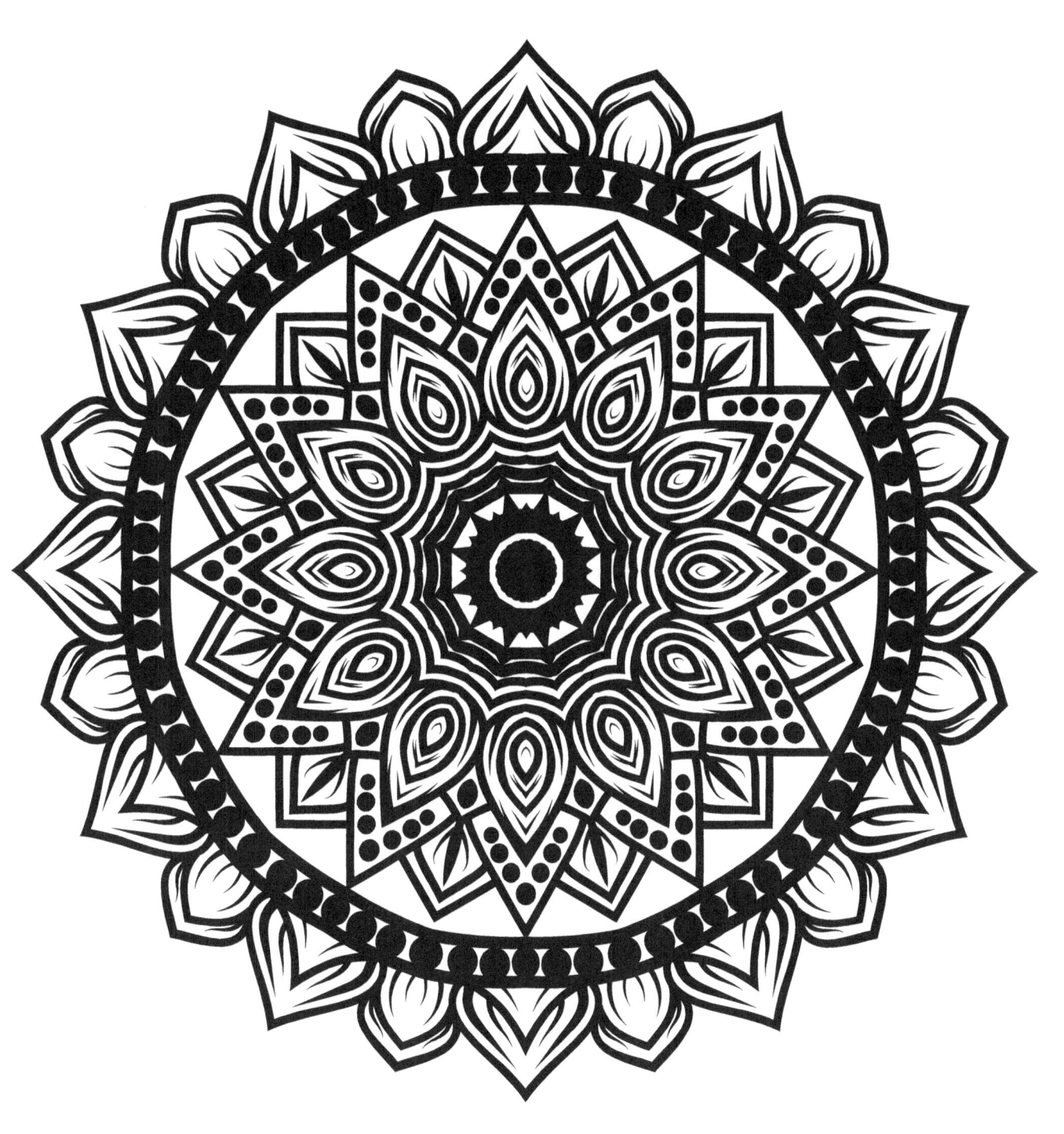

119

www.ingramcontent.com/pod-product-compliance
Lightning Source LLC
Chambersburg PA
CBHW082216290526
45794CB00009B/3558